650 TRUCS DE JARDINAGE

Sonja Gauron

NATHAN

Un jardin, c'est une chose supérieure, c'est une mosaïque d'âmes, de silences et de couleurs, qui guettent les cœurs mystiques pour les faire pleurer.

Un jardin, c'est une coupe immense aux mille essences religieuses.

Un jardin, c'est quelque chose qui vous étreint avec amour, c'est une paisible amphore de mélancolies.

Un jardin, c'est un tabernacle de passions, c'est une grandiose cathédrale pour de très beaux péchés.

Dans les jardins se cachent la mansuétude, l'amour, et cette sorte de vague à l'âme que donne l'oisiveté.

Federico Garcia Lorca

Préface

Passionnée de jardinage au point qu'elle en a fait son métier, Sonja Gauron n'a pas voulu garder pour elle seule toutes les petites astuces, tous les petits secrets qu'elle a eu l'occasion de tester ou qu'on a bien voulu lui confier et qui font que souvent il existe une solution toute simple aux problèmes de tous les jours.

C'est ainsi que l'idée lui est venue de regrouper tous ses « trucs » et de les présenter sous forme de dictionnaire.

Elle a su éviter le piège du répertoire encyclopédique, et son ouvrage, très bien écrit, agrémenté de très belles photos couleurs et remarquablement illustré par Geneviève Laîné, est agréable à lire.

Au fil des pages, vous méditerez sur la vérité ou la sagesse de quelques proverbes ou citations particulièrement choisis et qui témoignent, si besoin était, de toute la modestie de Sonja Gauron face à la Nature.

GÉRARD VÉRON

Sommaire

A

B

C

D

E

F

H

J

M

P

R

Introduction

Si tu veux être heureux quelques heures, bois ton vin ;
quelques années, marie-toi ;
mais pour être heureux toute la vie, entoure-toi d'amis sincères et cultive ton jardin.

Proverbe français

Cette sentence remonte au temps de nos ancêtres et présente toujours la même sagesse. Rien n'est plus enrichissant que la culture d'un jardin. Chaque plante à quelque chose à nous apprendre et, à condition d'ouvrir nos yeux et notre cœur vers la beauté de la nature, nous irons de découverte en découverte et puiserons ainsi dans une source intarissable.

Entrez donc dans ce monde merveilleux des plantes, laissez-vous séduire par l'aventure du jardinage et vous vivrez de grands moments de bonheur, de passion, d'amour mais aussi d'humilité devant les miracles de la nature. Vous allez redécouvrir à écouter le silence, à jeter un regard différent sur la plus humble des fleurs et même à ressentir la beauté étrange d'un jardin sous la pluie ou dans la brume, avec cette lumière qui crée des formes et des images nouvelles, cette transfiguration qui rappelle les peintures de Monet et Turner.

Le présent ouvrage n'a pas la prétention d'être un manuel du jardinage, il y en a beaucoup et d'excellents qui traitent tous les grands sujets avec compétence. J'ai voulu un livre différent, complémentaire, qui permet de faciliter la vie du jardinier, parfois un peu pressé et qui cherche des solutions simples et efficaces.

Cet ouvrage est le fruit d'années d'observations, d'expériences et d'essais dans mon propre jardin sans oublier les précieux conseils de professionnels et jardiniers expérimentés ainsi que des Anciens du pays qui voulurent bien me dévoiler leurs petits secrets. Un certain nombre de mes conseils et astuces ont fait un long voyage et regroupent les souvenirs des échanges et rencontres chaleureux vécus dans des pays lointains. Un grand merci à tous ces collaborateurs.

Bien sûr, j'ai voulu cet ouvrage le plus complet possible mais il y a sûrement des oublis. Si vous avez des astuces de jardin bien à vous, vous pouvez me les communiquer pour en faire profiter tous les amis des jardins. Je les intégrerai lors d'une réédition.

Ne lisez pas ce livre comme un roman mais amusez-vous à le feuilleter en vous laissant inspirer par un petit truc ici et là... et essayez ! L'observation, l'amour et la passion sont la meilleure des écoles, donc ne renoncez pas tout de suite si cela ne marche pas du premier coup. Montrez un peu de persévérance et n'oubliez pas que, comme pour toutes les choses de la nature, la réussite dépendra souvent de circonstances qui échappent à notre influence. Cela fait partie du jeu, donc prenez-le avec le sourire.

Bon courage !

Avis au lecteur

Ce signe désigne
les « **astuces gagne-temps** ».

Ce signe indique
les « **astuces jardin sans soucis** ».

Ce signe annonce
les **astuces** qui vous permettront de faire des **économies**.

Toutes les astuces sont numérotées et vous les repérerez facilement à l'aide de l'index alphabétique situé en fin d'ouvrage. À la fin de chaque chapitre vous disposez d'une page vierge qui vous permettra de noter vos observations, vos remarques et, éventuellement, le résultat de vos essais et expériences. Ainsi ce livre deviendra un véritable outil de travail et, pourquoi pas, un livre-souvenir de vos anecdotes.

L'expérience des jardiniers résulte de beaucoup plus d'échecs que de réussites.

A

Achat des végétaux

Allées, voies de communication

Animaux, insectes

Arbres et arbustes

Arrosage

1 Feuillage à contre-jour du *Liriodendron tulipifera* (Tulipier de Virginie), un arbre majestueux à magnifiques couleurs automnales.

2 Feuillage printanier d'*Acer pseudoplatanus* « *Brillantissimum* », un petit arbre de croissance lente, parfaitement adapté aux petits jardins.

3 *Clematis montana* « *Rubens* »; laissez-la retomber de vos murets ou grimper dans vos arbres : un spectacle féerique.

4 Grand arbuste trop peu employé, *Robinia hispida* (Acacia rose), au joli feuillage léger, une floraison généreuse en mai-juin, et s'adaptant aux sols pauvres, voire légèrement calcaires.

ACHAT DES VÉGÉTAUX

Tous ceux ou celles qui débutent au jardinage se trouveront un jour ou l'autre devant le même problème : comment faire son choix parmi des centaines de plantes, comment reconnaître la bonne qualité des végétaux ?

Voici quelques conseils pour mieux choisir au moment de l'achat.

1  Ce sont les **gens du métier** (pépiniéristes, horticulteurs...) qui vous fourniront les plus belles plantes et les meilleurs conseils. Ils sont aussi prêts à écouter vos petits problèmes et vous aideront à les résoudre. Faites donc confiance aux professionnels du jardin et si vous êtes content, restez fidèle à votre fournisseur. Avec le temps il y a un lien d'amitié qui se crée et, de plus, la fidélité se fait souvent sentir sur les prix : l'achat régulier d'une certaine quantité de plantes peut permettre des *réductions intéressantes :* parlez-en à votre fournisseur.

Une petite astuce supplémentaire : groupez vos achats avec vos voisins, des amis, etc., pour atteindre une commande d'une certaine importance qui vous permettra d'obtenir des *prix dégressifs.*

2 Refusez catégoriquement les **plantes en conteneur** dont les *racines forment déjà un chignon* au fond du pot ou commencent même à sortir par les trous de drainage. Ces plantes ont passé plusieurs saisons dans le même conteneur sans avoir été rempotées et elles auront beaucoup de mal à reprendre à la plantation.

• Voir aussi l'astuce 372, chapitre « Plantation ».

3 N'achetez pas de **plantes sous emballage plastique** dans des magasins surchauffés. Ces plantes montrent parfois de grandes pousses tendres, recroquevillées, signe de leur mauvais conditionnement. Toutes ces plantes auront beaucoup de mal à affronter le froid et le vent au moment de la plantation, même des plantes dites rustiques ne survivent pas toujours à ce mauvais traitement.

4 Pour vérifier si un **arbre à feuillage** (dénudé au moment de l'achat) n'est pas mort, on peut gratter doucement un petit morceau de tige ou de branche avec la pointe de l'ongle : *l'écorce doit être de couleur verdâtre* et pleine de sève.

5 Si vous envisagez l'achat d'un arbre qui doit présenter un **port ou une couleur de feuillage particulier**, faites donc votre choix dans une pépinière *en période de pleine végétation* (été ou automne pour la couleur du feuillage). Votre pépiniériste retiendra l'arbre que vous avez choisi et vous le livrera au meilleur moment de la plantation.

6 Faites attention que les **conifères** que vous voulez acquérir aient un *port bien équilibré* et pour ceux qui forment une flèche, que *la flèche soit bien droite.* Avec les conifères, il est presque impossible de réparer les accidents de végétation par la suite.

• Voir aussi l'astuce 45, chapitre « Arbres et arbustes ».

ALLÉES

VOIES DE COMMUNICATION

Pour les allées et chemins d'accès, regardez avant tout le côté pratique avant de vous pencher sur l'esthétique. N'abusez pas des chemins tortueux dans le but de vouloir faire « plus naturel ».
Optez pour des passages rectilignes, notamment pour les accès menant à la maison, au garage et aux dépendances, et évitez les pans coupés. Ainsi vous gagnerez un temps précieux dans la vie quotidiennes et l'entretien sera facilité.
En revanche, réservez un brin de fantaisie et des effets de surprise pour les chemins qui mènent à vos massifs fleuris ou peut-être à une tonnelle cachée dans la verdure. Plus votre jardin est grand, plus vous pouvez laisser libre cours à votre imagination.

7 Si vous optez pour un **dallage en pierre naturelle** pour vos allées ou votre terrasse, mouillez toujours préalablement une des dalles. Ainsi vous pourrez voir à quoi ressemble *votre futur dallage sous la pluie* et éviter de mauvaises surprises. Cela est d'autant plus important que vous habitez une région à forte pluviosité.

8 Les **allées en gravier** sont peu coûteuses, faciles à entretenir, très naturelles et s'intègrent parfaitement dans les plantations d'un jardin de style naturel.
Pour un entretien plus facile, prévoyez une *bordure discrète en dur* (une rangée de briques ou de pavés) afin d'éviter que le gravier ne s'éparpille.

9 Si vos **accès et chemins au potager** sont en dur (dalles en béton, dalles gravillonnées, par exemple) vous n'aurez plus aucun problème d'entretien et cela facilitera les passages de la brouette ou du motoculteur. Il faut prévoir une largeur d'un mètre minimum.

10 Une autre solution, nettement moins coûteuse, consiste à faire des **allées en gazon**, même au potager. Un simple passage de tondeuse suffit et votre chemin est impeccable. Vous économisez ainsi l'achat de produits désherbants et ce genre d'allée donne une touche de fraîcheur et s'harmonise parfaitement avec les fleurs et la végétation qui la bordent.

11 Si vous avez la chance d'habiter près d'une menuiserie, profitez-en pour vous procurer de la **sciure**. Étalez-la sur une épaisseur de 10 centimètres dans *les allées en terre battue* de votre potager ou de votre verger ; vous apprécierez cette agréable douceur sous vos pieds. En plus du confort vous n'aurez plus de problème avec les mauvaises herbes qui auront du mal à traverser ce matelas de sciure.

Autre avantage, le jour où vous ne voulez plus de votre allée ou si vous avez besoin de changer ses contours, il suffit d'un coup de bêche ce que vous ne pouvez pas faire si l'allée est en dur.

12 À défaut de sciure, vous pouvez aussi vous procurer de l'**écorce de pin** en gros calibre. Certes, elle est d'un prix élevé (mais toujours nettement moins coûteuse que n'importe quelle pierre), mais que d'avantages ! Elle se décompose très lentement tout *en enrichissant le sol* en matière organique au fur et à mesure qu'elle se désintègre ; elle est très agréable sous les pieds ; elle dégage une odeur embaumante de pin des Landes après chaque pluie.

13 Observez en hiver les traces de vos **pas dans la neige** : vous constaterez ainsi les chemins que vous empruntez naturellement. Ces observations vous permettront de faire d'*éventuelles modifications de vos allées* pour la saison prochaine ou peut-être de poser des pas japonais sur ce parcours.

ANIMAUX

INSECTES

Nous ne pouvons pas fermer les yeux devant le côté nuisible d'un certain nombre d'insectes mais aussi de certains animaux domestiques. En ce qui concerne nos chers compagnons, chiens et chats, « mieux vaut prévenir que guérir ». Il ne sert à rien de pousser cris et injures parce que votre chien a ravagé les semis de votre potager ou piétiné vos plates-bandes, seulement parce que vous les avez implantés en plein milieu de son passage. Essayez de vivre en harmonie avec votre fidèle compagnon, réservez-lui son territoire et apprenez-lui à respecter le vôtre.
Avec les insectes, c'est un autre problème car on n'arrivera pas à les domestiquer... Essayons pourtant de respecter la nature et intervenons seulement en cas d'urgence. N'oublions jamais : sans insectes il n'y aurait plus de vie ! Notre rôle est un rôle protecteur et non pas destructeur.

14 Si vous avez des plantes qui sont régulièrement attaquées par l'**araignée rouge**, vous pouvez prévenir en mouillant abondamment le feuillage de vos plantes, les soirs par temps chaud (dirigez le jet sous le feuillage). Ces indésirables détestent l'humidité et *les douches froides les découragent.*

15 Si vous voulez éloigner votre gentil petit matou de vos semis et nouvelles plantations, pensez à lui installer un petit coin bien à lui avec quelques touffes de *valériane ou de nepeta* (l'herbe à chats). L'odeur de ces plantes attirent les **chats** et ils laisseront le reste du jardin un peu plus tranquille.

16 Pour protéger vos jeunes semis ou vos cultures contre les **chats**, vous pouvez poser des *boules de naphtaline* sous la surface de la terre de vos cultures. Les chats détestent cette odeur et ne reviendront pas renifler une seconde fois. Un autre moyen consiste à enfoncer des *petites branches de houx* ou de ruscus (petit houx) entre vos semis. Les chats n'aiment pas se frotter contre des choses qui piquent, et ils iront s'ébattre ailleurs.

17 Malgré leurs côtés inoffensifs et gentils, certains propriétaires n'aiment pas les **chats** et cherchent des moyens pour les éloigner de leur jardin. Faites donc comme nos amis anglais qui plantent des *haies basses de millepertuis* ou de *rue officinale (Ruta graveolens).* Il semble que les chats détestent l'odeur de ces végétaux, et ils chercheront des jardins plus accueillants à leur nez sensible.
Sachez aussi que même les *pucerons* désertent les endroits où vous avez planté la rue officinale — il faut croire qu'ils ont eux aussi un odorat délicat...

18 Parfois il est très difficile de se débarrasser des **cochenilles** surtout quand elles envahissent *les cactées* ou autres plantes très sensibles aux produits huileux (base essentielle des traitements anticochenilles).
Une astuce pour enlever ces parasites consiste à brosser la plante avec *un pinceau à poils raides* qui pénètre bien entre les épines. Imbibez les

poils avec de la bière, du vinaigre, de l'alcool à 60° ou un insecticide et faites plusieurs applications pour décoller les cochenilles.
S'il s'agit d'une plante à feuillage lisse, il suffit d'imbiber un coton avec un de ces produits et ces vilaines petites bêtes partiront sans tarder.

19 Savez-vous que l'odeur du café est répulsive pour les **courtilières** ? Gardez donc précieusement *le marc de café* et mettez-le au pied des jeunes plantes qui sont facilement dévorées par ces bêtes nuisibles (appelées « taupes-grillons »).

- Voir aussi l'astuce 453, chapitre « Potager ».

20 Un autre moyen de se débarrasser des **courtilières** consiste à enterrer à proximité de vos rangs de légumes de grosses boîtes de conserve dans lesquelles vous avez versé quelques cuillerées d'essence de térébenthine. Ce produit attire les courtilières, et il suffit de visiter régulièrement votre dispositif pour les détruire.

21 Vous avez une plante ou un arbre envahi par les **fourmis** ? Frottez le tronc ou les branches avec du *jus de citron :* c'est une odeur que les fourmis détestent.

22 Pour pouvoir manger tranquillement dehors sans être dérangé sans cesse par les **guêpes**, ou simplement pour protéger vos jeunes enfants, pensez à poser *un piège à guêpes* que vous pouvez facilement réaliser vous-même. Couvrez un bocal en verre avec une feuille de papier brun percé d'une ouverture ou utilisez une bouteille en plastique que vous posez à l'envers (vous aurez percé une ouverture dans le fond). Remplissez le récipient avec un liquide sucré (eau sucrée, confiture, sirop, bière, etc.) et votre appât ne tardera pas à attirer ces indésirables qui ne pourront plus sortir de leur piège.

23 Pour empêcher que les **lapins**, moutons ou chiens du voisin s'installent dans votre jardin en faisant des ravages dans vos plantations, dissuadez-les en plantant **une haie défensive** qui est nettement plus jolie et aussi efficace qu'un vilain grillage. Si vous portez votre choix vers les berbéris, les rosiers arbustifs, les houx et les pyracanthas (seulement si votre région n'est pas sujette au redoutable « feu bactérien »), vous aurez rapidement et à peu de frais une haie impénétrable.

- Voir aussi l'astuce 48, chapitre « Arbres et arbustes ».

24 Savez-vous que les **lapins** peuvent servir de véritable *tondeuse à gazon ?*
Dans ce but, fabriquez-leur des cages grillagées que vous déplacerez au fur et à mesure que les lapins auront bien « tondu » leur petit coin. Vous allez voir, ils laissent une pelouse parfaitement nette. De plus, si vous avez des enfants, ils vont se réjouir de ces petits compagnons qui tiennent peu de place et sont très faciles à élever.

25 Réservez une mort douce aux **limaces** et aux escargots qui grignotent avec délice vos jeunes plantes, vos plus belles salades et vos fraises. Déposez des petites *soucoupes remplies de bière* ou des pots de yaourt aux endroits qu'ils fréquentent : leur gourmandise leur sera fatale, ils se noieront complètement ivres.

Si vous préférez une défense plus classique, ayez recours aux granulés du commerce. Veillez à les *abriter sous une tuile ou un pot en terre couché* sinon ils se désagrègent à la première pluie, juste au moment où escargots et limaces commencent à sortir...

26 Voici une liste de quelques végétaux qui peuvent vous aider à éloigner de manière écologique des insectes indésirables tels que **mouches** ou **moustiques** :
— les géraniums (plus précisément *Pélargonium crispum),*
— la verveine-citronnelle,
— le thym-citron,
— la citronnelle,
— la menthe,
— l'eucalyptus (zone méditerranéenne).
Un bel assortiment de ces plantes près de vos fenêtres décourageront les insectes et embaumeront vos pièces.

27 Qui de nous n'a été désespéré en voyant toutes les cerises juste mûres à point disparaître dans les ventres des **oiseaux** gourmands plus malicieux que nous ?
Et pourtant, savez-vous qu'il existe des variétés de *cerises, framboises, groseilles et même fraises à fruits jaunes* qui, tout en étant aussi savoureuses que les rouges, sont délaissés par les oiseaux. Adressez-vous à un bon horticulteur ou à défaut, feuilletez les catalogues qui présentent toujours quelques variétés qui sortent un peu de l'ordinaire.
Et si vos cerisiers sont pris d'assaut par les merles et étourneaux installez un bon nombre d'*affolants* dans votre arbre (bandes brillantes de papier d'aluminium, « serpents », « têtes de chat », clochettes, etc.). Néanmoins, installez-les *au dernier moment* (quand les cerises commencent à rougir) sinon ils perdent leur efficacité. En effet, les oiseaux s'habituent très vite à ces drôles de machines et en peu de temps vous les retrouverez perchés sans gêne sur vos affolants tout en se régalant de vos cerises.

28 Pour chasser les **pucerons** de manière écologique pensez à préparer du *purin d'ortie ou d'angélique* (1 kg de feuilles fraîches pour 10 litres d'eau, 48 heures de macération) que vous épandez en arrosage au pied de vos plantes infestées. Attention aux pulvérisations avec du purin qui risque de provoquer des brûlures graves !

• Voir aussi l'astuce 148, chapitre « Désherbage ; mauvaises herbes ».

29 Si vos *groseilliers* sont régulièrement infestés par les **pucerons** détruisez soigneusement les mauvaises herbes à leur pied (notamment les épilobes) car c'est ici qu'émigrent les insectes en juin.

Vous craignez les **souris** à l'endroit où **30** vous stockez vos bulbes pendant l'hiver (cave, hangar, etc.) et vous ne voulez pas faire appel aux produits chimiques, pensez à couvrir vos bulbes avec une bonne couche de *feuilles de houx* très épineuses (mises à sécher préalablement dans ce but). C'est un procédé très efficace et parfaitement inoffensif.

Pour éloigner les **taupes** de votre jardin **31** je ne peux pas vous donner un truc infaillible. Beaucoup de choses ont été dites et essayées sans pouvoir démontrer un véritable succès. En revanche, je vous propose de profiter du bon côté de ces malheurs qui arrivent à votre pelouse ou à vos plates-bandes : récupérez donc *la terre des taupinières* qui est très fine, riche en sels minéraux et idéale pour vos semis et rempotages.

Toutefois, si vous désirez vraiment vous **32** débarrasser de ces animaux fort utiles (les **taupes** dévorent un bon nombre d'insectes nuisibles), faites comme les propriétaires de terrains de golf : arrosez les endroits qu'ils fréquentent avec un *insecticide souterrain* contenant du bromophos ou du lindane. En leur enlevant leur nourriture, les taupes vont changer de quartier. Néanmoins, j'insiste sur le fait que cela n'est pas une solution très écologique.

Vous avez sûrement entendu parler des **33** plantes qui éloignent les **taupes.** Il s'agit des *fritillaires* (dont les racines sont malodorantes) et des *euphorbes* (la « grande épurge »). Sachez que ce sont uniquement les *jeunes plantes non repiquées* qui ont ce pouvoir car elles produisent des racines dont la longueur peut dépasser plusieurs mètres. Les sujets transplantés ou repiqués sont généralement peu racinés donc il faut provoquer un semis naturel en laissant les plantes adultes monter en graine.

Pour attraper les **taupins** qui ravagent **34** votre potager, utilisez un vieux truc de jardinier : coupez plusieurs *pommes de terre* en deux qui serviront d'appât. Les taupins en raffolent et il ne reste qu'à les ramasser en « flagrant délit ».

ARBRES ET ARBUSTES

Il n'est pas toujours facile de choisir ses arbres et arbustes quand on débute au jardinage sans connaissances préalables.
Je voudrais juste vous proposer quelques petits conseils et généralités avant d'entamer ce chapitre.
— N'oubliez pas que, généralement, vous choisissez un arbre pour la vie. Il grandira, se développera avec ses joies et ses soucis, un peu au même rythme qu'une vie humaine.
Donc, pensez bien à sa forme et ses proportions futures pour ne pas être obligé de l'abattre ou de l'élaguer sauvagement à l'apogée de sa beauté. Comme c'est triste de voir tomber sous les coups de hache des cèdres majestueux qui ont eu la malchance d'avoir été plantés dans un petit jardin de banlieue et qui ont fini par prendre de la place et « écraser » la maison par leur présence. Choisissez un sujet qui est en rapport avec son environnement et n'oubliez pas que dans les petits jardins un grand arbuste peut avantageusement remplacer un arbre.
— Quant aux arbustes, choisissez-les en fonction de leur effet le plus durable : le feuillage. C'est lui qui équilibre le jardin, qui apporte des notes subtiles de longue durée, la douceur et l'harmonie des formes. Les feuilles avec toutes les nuances de vert présentent le décor de fond et sont pratiquement un décor complet pour ceux qui savent jouer avec leurs couleurs, textures et formes. Même la beauté pure de leurs branches en hiver n'est pas sans charme et séduira les vrais amoureux de la nature.

ARBRES

35 Avant de vous lancer à corps perdu dans la plantation de grands arbres ou des haies à feuillage persistant, réfléchissez un instant à l'**ombre** qu'ils vont porter à l'âge adulte et ceci notamment pendant l'hiver quand le soleil est très bas.
Pour visualiser cet effet faites donc un petit essai en fichant dans la terre des branchages d'une hauteur équivalente à celle que l'arbre atteindra. Notez bien l'ombre portée matin, midi et soir et procédez aux éventuelles corrections du futur emplacement : déplacer quelques branchages n'est pas un problème, déplanter un arbre bien enraciné en est un.

36 Évitez de planter des **aulnes**, des **peupliers** ou des **saules** en plein milieu d'un *massif d'arbustes ou de fleurs.* Leurs racines exploiteront le terrain jusqu'à plusieurs mètres de distance en quête d'eau, et priveront de nourriture toutes les plantes plus faibles qui les entourent.
Donc, si vous voulez absolument un arbre dans vos massifs, optez pour une espèce à faible développement et, si nécessaire, limitez le développement des racines en enfoncant profondément des plaques d'aluminium à 2 mètres de distance du tronc.

37 Dans l'enthousiasme de vos premières plantations vous avez peut-être planté un **arbre trop près de la maison** et maintenant vous craignez pour vos canalisations et fondations. Dans ce cas vous pouvez ouvrir une tranchée le long de la maison et couper toutes les racines rencontrées. Ensuite, vous calez *une plaque d'amiante-ciment* sur 1 mètre de profondeur et vous rebouchez le trou. L'arbre se contentera d'exploiter l'espace jusqu'à cet obstacle ; maison et arbre s'en sortiront sains et saufs.

38 Vous avez planté de **jeunes arbres fruitiers** en plein milieu de votre pelouse pour créer un petit verger à la normande et vous craignez d'abîmer l'écorce, encore bien fragile, lors des passages de la tondeuse. Protégez donc la base du tronc avec un petit bout de *tuyau plastique* (20 à 30 cm de longueur) ou avec une *bouteille plastique* que vous fendez sur toute la longueur pour permettre la mise en place.
Cela présente également une protection efficace contre d'éventuels rongeurs (lapins).

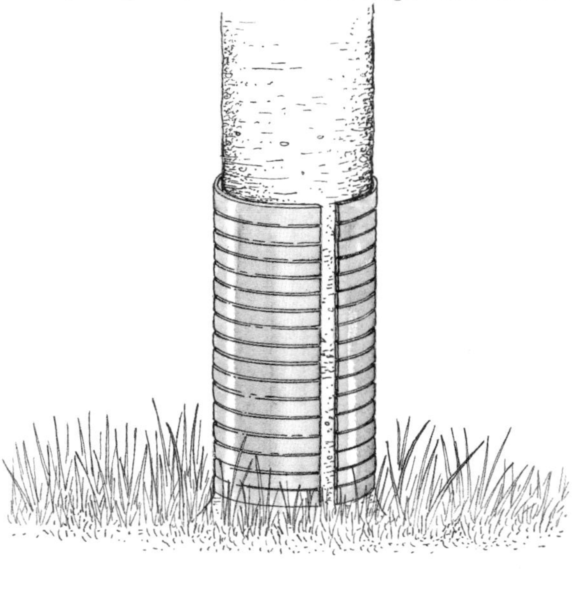

39 Vous connaissez peut-être le vieux dicton qui dit que « rien ne pousse à l'ombre d'un **noyer** ». Pour éviter de mauvaises surprises prenez ce dicton au sérieux car, effectivement, ces arbres diffusent dans le sol une *substance toxique* (la juglandine) qui empêche la croissance de la plupart des végétaux et les fait mourir. Seul le lierre semble résister à ce genre d'empoisonnement.

40 Abstenez-vous de planter un **mûrier noir** *(Morus nigra)* à proximité d'une terrasse. Certes, ce bel arbre procure une ombre agréable sans prendre un grand développement mais attention au moment où les fruits commencent à tomber sur votre dallage, les meubles du jardin, etc., *les taches* de ces fruits sont pratiquement *indélébiles.*

41 Si vous constatez qu'un **arbre** ou arbuste, que vous avez planté récemment, reste au printemps en repos **sans bourgeonner** il faut essayer de le « réveiller ».
Procédez de la manière suivante : commencez par un léger griffage autour du pied pour ameublir la terre, ensuite enfoncez les dents d'une fourche et arrosez à plusieurs reprises lentement et copieusement pour que l'eau descende dans le sous-sol. Quand l'eau s'est écoulée, tassez légèrement la terre pour que les racines y soient bien en contact ; terminez par un paillage épais ou couvrez avec du plastique pour éviter l'évaporation.
S'il s'agit d'un *arbre sur tige,* vous pouvez prendre une précaution supplémentaire en enveloppant le tronc avec de *la boue d'argile* qui évitera la transpiration donc la perte d'eau excessive.

42 Pour obtenir des **colorations** magnifiques du **feuillage en automne**, certains arbres ont besoin d'un bon *taux d'humidité* autour de leurs racines en été (ne citons que les érables, le liquidambar, les prunus, etc.). Donc pensez à surveiller les arrosages en période chaude et sèche.

43 Pendant leur jeunesse et après la plantation, vos arbres ont besoin d'être attachés sur un tuteur solide le temps que leurs racines s'installent et s'ancrent dans le sol.
Si vous n'avez pas d'**attaches d'arbre** sous la main pensez aux *vieux bas en nylon* et comme cale, pour éviter des blessures par frottement, vous

pouvez utiliser des *chutes de moquette, de mousse ou de cuir.*

• Voir aussi les astuces 542, 544 et 556, chapitre « Récupération, recyclage ».

44 Si vous habitez une région où il neige abondamment vous craignez peut-être (à raison) que la **neige** déforme la jolie silhouette de vos **conifères** en forme de colonne *(Juniperus Skyrocket* et *J. Hibernica, Taxus fastigiata).* Entourez donc votre arbre avec des *fils solides* qui serviront d'armature pendant la mauvaise saison. La neige glissera sur vos conifères sans ouvrir ou déformer les branches.

45 Si votre **conifère** a cassé sa **flèche** après une violente tempête ou n'importe quel autre accident, ne le déclarez pas tout de suite perdu (du point de vue esthétique).
Vous pouvez lui refaire une flèche en redressant

une branche située tout près de la cassure et en l'attachant à un petit tuteur en bambou. Surveillez bien le lien qui rattache la branche au tuteur pour éviter tout étranglement. En quelques années votre conifère aura parfaitement rééquilibré son port et il ne restera de l'accident qu'un mauvais souvenir.

46 Sur les troncs et les grosses branches des arbres âgés se développent souvent des **lichens** qui empêchent les arbres de respirer par l'écorce. Profitez de leur nudité en hiver pour faire un grand ménage : armez-vous d'une *brosse en chiendent* et d'un seau d'eau additionnée de quelques cuillerées de lessive Saint-Marc. Frottez énergiquement jusqu'à la disparition complète des lichens ; vos arbres vous en remercieront par une nouvelle vigueur, et vous vous réjouirez de l'éclat particulier de l'écorce après cette intervention.

47 Méfiez-vous des *piquants* des **agaves** qui présentent un vrai danger, notamment pour les enfants.
Protégez-les donc en piquant sur la pointe des feuilles un simple *bouchon en liège* ou, pourquoi pas comme en Amérique du Sud, une *coquille d'œuf* qui donnera de loin l'impression d'une floraison et qui se balancera gaiement au moindre souffle d'air !

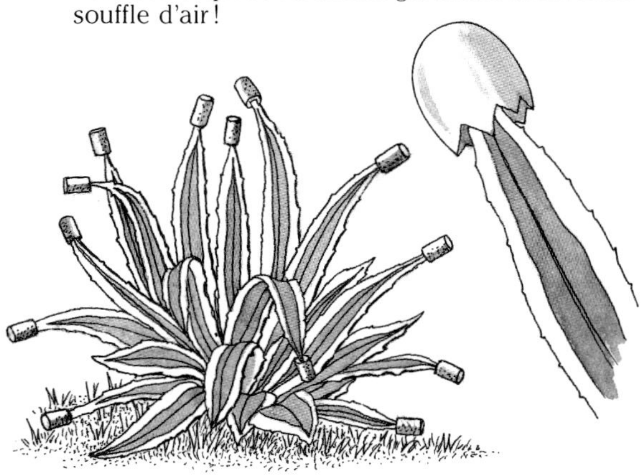

48 Vous aimez les **aubépines** mais vous hésitez à en planter à cause du danger de transmission du *« feu bactérien »*.
Plantez donc des aubépines *à fleurs doubles* qui sont incapables de produire du pollen et n'attirent donc pas les abeilles qui propagent les bactéries sur d'autres plantes.

49 Il y a des plantes qui peuvent vite devenir assez envahissantes, au point d'étouffer des sujets plus faibles à côté (les **bambous** par exemple). Vous pouvez limiter leur croissance en les plantant dans de *grands conteneurs* que vous enterrez entièrement au milieu de votre massif.

50 Certains arbustes ont tendance à se *dégarnir à la base* en vieillissant : **berberis,** troènes, etc. Vous pouvez leur donner une seconde jeunesse en les taillant très sévèrement pour provoquer la formation des nouvelles pousses à leur base.
Faites suivre ce traitement de choc par un apport d'engrais NPK 4-8-10.

51 Si vous avez des arbres ou arbustes à *feuillage panaché* (**érables, élaegnus, ligustrum,** etc.) et que vous constatiez le développement de branches qui ne produisent que du feuillage vert, supprimez-les sans tarder sinon l'arbuste entier finira par dégénérer et en peu de temps il aura perdu son joli feuillage panaché.

52 À l'approche de l'automne les nuits commencent à se faire froides parfois. Si vous craignez un rafraîchissement nocturne, pensez à *protéger les boutons à fleurs* de vos **lauriers-roses** cultivés en pots. Sans cette précaution la floraison risque d'avorter et ce serait bien dommage pour les dernières fleurs de la saison.

53 Les vieux **lilas** forment souvent en excès des *petites brindilles* qui enlèvent une grande partie de la sève en diminuant ainsi la floraison. N'hésitez donc pas à rabattre fortement les branches dès qu'elles sont défleuries (ou profitez-en pour faire de grands bouquets) et à *éliminer entièrement le bois faible.* Ainsi la sève pourra se concentrer dans quelques branches seulement et provoquera une floraison abondante.

ARROSAGE

Il vaut mieux arroser une fois bien plutôt que dix fois mal.

Dicton

Encore faut-t-il savoir ce que veut dire « bien arroser ». Voici quelques notions élémentaires pour mieux vous orienter.
Au printemps et en automne, il faut arroser en fin de matinée pour que l'eau soit bien absorbée dans le sol avant le refroidissement nocturne (risque de gelées).
En été, arrosez après 17 heures pour limiter l'évaporation ou, éventuellement, faites vos arrosages le matin avant 10 heures.
N'oubliez pas que *les terres lourdes* retiennent beaucoup d'humidité et ce pour longtemps, donc arrosez ces terres peu souvent mais copieusement chaque fois.
En revanche, *les terres perméables* doivent être arrosées souvent (tous les jours par grande chaleur) mais parcimonieusement car l'eau s'infiltre rapidement et se perd ensuite dans les couches du sous-sol.
Retenez aussi que les plantes qui sont arrosées souvent et assez peu à chaque fois développeront leurs racines surtout en surface et, par conséquent, deviennent très vulnérables en cas de sécheresse prolongée.
À vous de prendre les précautions nécessaires !

54 Pour limiter la corvée d'arrosage on trouve actuellement toutes sortes d'installations plus ou moins coûteuses (arrosage automatique enterré, arroseurs oscillants, tourniquets, tuyaux perforés, etc.) mais avez-vous déjà pensé aux bienfaits du *paillage* ?

Un bon paillage de quelques centimètres d'épaisseur en paille, écorce de pin, tontes de gazon, etc., vous permettra d'économiser un arrosage sur deux et, en plus, le paillage empêchera le développement de mauvaises herbes et constituera un apport en matières organiques non négligeable.

- Voir aussi le chapitre « Paillage ».

55 Savez-vous que certaines **plantes ont besoin d'être arrosées au pied** parce qu'elles sont très sensibles aux *maladies cryptogamiques* (par exemple, l'oïdium) qui se développent à une certaine température si le feuillage est mouillé ? Prenez cette précaution notamment pour les rosiers, les tomates, les courgettes, les pommes de terre et les fraisiers.

56 Voici deux astuces pour assurer un **arrosage sans mouiller le feuillage** de vos plantes et pour procurer une petite **réserve d'eau** pendant vos absences.

La bouteille enterrée

Enfoncez une bouteille en plastique, dont vous avez enlevé le fond, à 45° vers les racines de la plante. Afin d'éviter que le goulot de la bouteille ne se bouche avec de la terre, posez au fond une petite couche de sable. Il ne reste qu'à remplir la bouteille avec de l'eau (ou avec une solution nutritive) qui s'écoulera au fur et à mesure des besoins de la plante.

Le pot enterré

Enterrez un pot de fleur à ras du sol, damez bien le fond du trou et, après plusieurs remplissages successifs, l'eau se maintiendra dans le pot et s'écoulera doucement par le trou de vidange quand la plante en aura besoin. Prenez la précaution de couvrir le pot pour empêcher l'évaporation.

Ces deux astuces sont aussi valables pour tous les *terrains inclinés* où les jeunes plantes risquent de souffrir de la sécheresse à cause de l'écoulement de l'eau.

57

Avis aux **gourmands** :
Surveillez vos arrosages de près au **potager** car les légumes ne vous pardonneront pas vos oublis. En cas de manque d'eau, les radis deviennent piquants, les laitues montent en graine, les choux-fleurs ne pomment pas. Au verger, les prunes tombent avant maturité.

- Voir aussi les astuces 482 et 499, chapitre « Potager » et l'astuce 649, chapitre « Verger ».

58

N'arrosez jamais vos plantes en **plein soleil** : les gouttes d'eau agissent à la manière d'une loupe au soleil et peuvent provoquer de vilaines *brûlures.*

59

Combien de fois avez-vous déjà ravagé vos plates-bandes ou les planches de votre potager avec le **tuyau d'arrosage** que vous avez tiré avec maladresse de l'autre bout du jardin ? Voici une astuce très simple pour éviter ce genre d'accident : enfoncez des *petits piquets* aux angles de chaque planche et votre tuyau glissera sagement le long de ce garde-frontière.

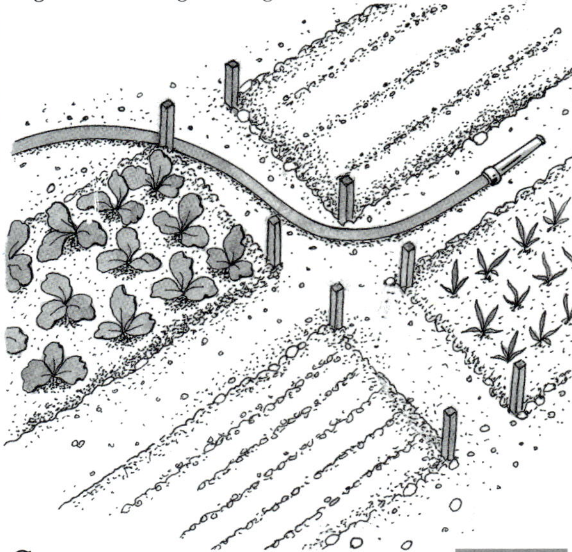

60

Si vous avez l'intention de planter des **arbres de grande taille**, l'arrosage peut parfois poser des problèmes car l'eau a du mal à arriver jusqu'aux racines qui se trouvent déjà à une certaine profondeur. Pensez donc à enterrer un petit bout de *tuyau* à la plantation qui permettra d'arroser les racines du fond sans aucun problème.

61 Vos jeunes **conifères** ainsi que vos **arbustes à feuillage persistant** ont besoin de *bassinages* fréquents au printemps au cas où ils ont été plantés tardivement et par vent très sec. En effet, malgré des arrosages suivis, ces plantes risquent de se dessécher à cause d'une forte *transpiration* de leur feuillage. Essayez de prévoir un *ombrage* (filet brise-vent agrafé sur des piquets à environ 30 cm de l'extrémité des branches) ou pulvérisez sur le feuillage une *solution anti-transpirante* que vous trouverez dans le commerce spécialisé.

62 Si vous avez eu un petit coup de cœur pour une plante et l'avez **plantée en pleine saison de végétation** (mai à septembre) ne l'oubliez surtout pas une fois installée dans son petit coin : elle a besoin d'*arrosages fréquents* (minimum deux fois par semaine) pour résister au choc de la plantation.
N'omettez pas de prendre vos précautions pour la période des vacances si vous voulez retrouver votre petite protégée au retour.

63 Pour bien arroser les **plantes à enracinement profond** (les sapins, par exemple) il faut réaliser des trous avec une tige en fer pour que l'eau puisse atteindre les racines. Versez l'eau très lentement au goulot dans les trous réalisés ou encore faites couler l'eau à petit débit pendant une heure ou deux avec votre tuyau d'arrosage.

64 Vous faites partie de ceux qui ne sont pas vraiment sûrs de savoir si leurs **plantes d'appartement** ont besoin d'être arrosées un jour ou l'autre ?
Ayez donc recours à un *petit bâtonnet en bois* (du genre de ceux qui servent à faire des brochettes) que vous enfoncez doucement au fond du pot : s'il ressort propre sans traces de terre il faut arroser ; en revanche, s'il ressort humide avec de la terre accrochée au bois rugueux cela signifie que votre plante n'a pas encore soif et vous pouvez attendre encore quelques jours.
N'oubliez pas qu'un *conteneur en plastique* gardera toujours plus longtemps l'humidité qu'un *pot en terre* qui permet une évaporation plus rapide.

65 Si, par accident, une de vos **plantes d'appartement** a été **trop arrosée** et souffre de cet excès d'humidité, vous pouvez l'installer (si elle a un pot en terre) dans un très *grand pot rempli de tourbe :* la tourbe se chargera d'absorber l'excès d'humidité.

66 Votre **eau** est très **calcaire** et vos plantes d'appartement en souffrent ?
Ayez recours à l'*eau de dégivrage* de votre réfrigérateur ou acidifiez l'eau du robinet avec quelques gouttes de *vinaigre ou de citron* (une petite cuillerée par litre d'eau).

67 Après une période de sécheresse la **terre** de vos jardinières risque d'être **durcie** et l'eau d'arrosage ne peut plus pénétrer et stagne à la surface. Dans ce cas, faites quelques trous *à l'aide d'une fourchette,* ce qui permettra à l'eau d'entrer jusqu'aux racines.
Faites aussi attention avec les engrais liquides : il faut toujours les appliquer sur une *terre préalablement mouillée,* sinon vos plantes risquent de vilaines brûlures et décolorations du feuillage.
Quant aux *sols durcis au jardin :* décroûtez la surface du sol avec des coups de binette et arrosez ensuite.

Remarques, observations personnelles

Remarques, observations personnelles

Ce qui est une imitation de la nature ne peut être un défaut.

Gotthold Ephraim Lessing

B

Bassins d'eau et plantes aquatiques

Bulbes à fleurs, rhizomes, etc.

1 Scène aquatique.

2 *Primula bulleyana*. Une grande primevère à floraison tardive (juin-juillet) se plaisant bien au bord de l'eau.

3 *Tulipa turkestanica* et *Chionodoxa luciliae*. Avec leur floraison précoce (février-mars) elles font partie des premières fleurs au printemps.
Laissez-les en terre : elles se multiplieront toutes seules en formant un joli tapis au fil des années.

4 Fraîcheur acidulée. *Euphorbe myrsinites*.
Mariez-les avec vos bulbes à fleurs printanières, elles s'épanouiront en même temps (mars-avril).

BASSINS D'EAU

ET PLANTES AQUATIQUES

Jeu magique d'ombre et de lumière, reflets des nuages, murmures d'une fontaine ou d'une cascade, rêves d'enfance, évasion...
Ne vous privez pas de ces plaisirs sublimes. Une pièce d'eau, si petite soit elle, apportera de la vie au jardin, agrandira visuellement l'espace et donnera de la profondeur et du mouvement dans des jardins trop plats et banals.
Voici quelques conseils pour vous aider à mettre toutes les chances de réussite de votre côté.

68 Si vous avez l'intention de créer un **bassin en ciment**, n'omettez pas de le remplir et vidanger au moins une fois avant toute plantation. Les plantes risquent de souffrir des émanations toxiques du ciment.

69 Avez-vous déjà pensé que certaines poteries, vasques, jardinières (qui n'ont pas de trou de vidange, évidemment...) peuvent parfaitement servir pour créer des « **mini-bassins** » sur une terrasse ?
L'idéal, au charme rustique, est bien sûr un *demi-tonneau* mais en cherchant un peu on trouvera un tas d'autres récipients qui peuvent parfaitement convenir à cet usage. Il y a beaucoup de plantes aquatiques à développement limité qui conviennent parfaitement (ainsi *Butomis umbellatus, Iris Kaempferi* ou *Acorus calamus « variegatus »*). Quant aux nénuphars, choisissez des variétés naines comme *Nymphea pygmaea « Helvola »,* par exemple.

70 Pour donner une **impression de profondeur** à un bassin de faible niveau (30 cm), peignez le fond et les bords en noir ou encore utilisez un plastique noir « spécial bassin ».
En plantant un arbre de forme élancée au bord de l'eau, vous accentuerez encore cette impression de profondeur.

71 Si vous avez opté pour la création d'un bassin à base d'un **film plastique** qui épouse facilement tous les contours très naturels, attendez les beaux jours bien ensoleillés pour la réalisation : la pose du film sera facilitée par des *températures élevées* qui assouplissent le plastique.

72 Voici un petit truc de paysagiste pour tous ceux qui ont besoin d'**agrandir** visuellement un **petit bassin.** Plantez une « nappe » de juniperus rampant à couleur bleutée *(Juniperus horizontalis glauca)* au bord de votre bassin de manière à donner l'impression d'un prolongement de la nappe d'eau.

73 Afin d'éviter de remuer la boue du fond lors du **remplissage** de votre **pièce d'eau,** placez-y un pot dans lequel vous faites déboucher votre tuyau avec un débit réglé très bas ou encore disposez quelques grosses pierres à la sortie du tuyau.

74 Si vous voulez éviter de poser une couche de terre sur tout le fond de votre bassin, contentez-vous de submerger vos **plantes en conteneur** qui, de surcroît, se retirent facilement pour l'hiver ou pour le nettoyage du bassin.
Vous pouvez également isoler les plantes en formant des *poches de terre* entourées de pierres ou de briques.
Pour que la terre reste sur place et pour éviter de troubler l'eau, couvrez la surface de vos plantations avec une *petite couche de gravillons.*

75 Votre bassin est **trop profond** par endroits pour la plantation de certaines plantes aquatiques ?
Formez donc des *petits monticules de pierres ou de briques* jusqu'à obtention de la hauteur désirée et posez-y votre plante en pot ou en panier.

76 Ne vous compliquez pas la vie en creusant *trop profondément* pour créer un bassin : 60 cm d'eau sont largement suffisants pour

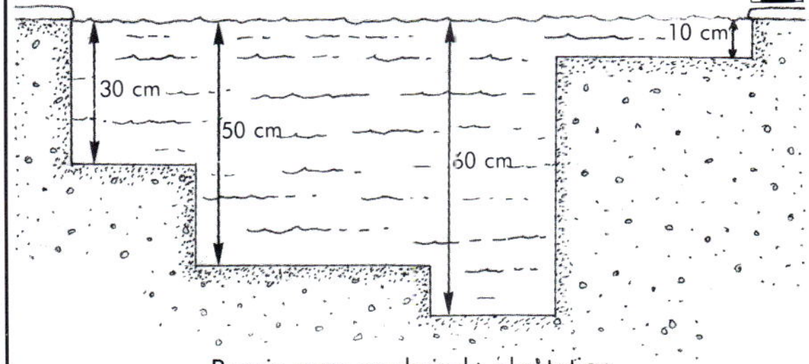

Bassin avec poches de plantation

pratiquement toutes les plantes aquatiques. Il suffit même de prévoir une simple **poche de plantation** à l'endroit où vous désirez installer vos nénuphars ou vos lotus, donc 30 à 40 cm seront suffisants pour les autres végétaux.
Trop de profondeur empêche le *réchauffement rapide* de l'eau au printemps et toutes les plantes aquatiques ont une préférence pour l'eau tiède.

77 Un faux pas, un ballon qui tombe dans l'eau, et l'**accident** arrive parfois très vite... 30 à 40 cm d'eau suffisent pour qu'un petit enfant se noie. Ne courez pas le risque, mais ne vous privez pas d'une pièce d'eau pour autant. Prenez la précaution de tendre un grillage ou un *filet résistant* juste sous la surface de l'eau et attachez-le solidement avec des piquets sur tout le pourtour. La végétation exubérante de plantes aquatiques traversera sans problème votre grillage et masquera complètement votre installation. Votre rêve aquatique est ainsi réalisé et la sécurité de vos enfants assurée.

78 Dans les régions qui sont particulièrement exposées au **gel**, il faut remplir le bassin au maximum avant l'hiver pour créer une hauteur d'eau importante qui protégera les souches de vos plantes.

79 Pour éviter les effets des poussées latérales de la **glace en hiver**, mettez des *fagots de bois* d'un diamètre de 50 cm ou des *ballons de caoutchouc* dans votre bassin.
N'oubliez pas non plus de prévoir un trou dans la glace si vous avez des poissons afin qu'ils puissent respirer et prendre leur nourriture.
N'attaquez surtout pas la glace à grands coups de marteau qui produiront des ondes de choc très nuisibles aux poissons. Posez plutôt un récipient avec de l'*eau bouillante* sur la glace : elle fondra en douceur et ensuite il suffira d'introduire un tuyau pour « siphonner » environ 5 cm d'eau du niveau général. Ainsi se créera un *coussin d'air* qui apportera l'oxygène nécessaire à la survie de vos poissons.

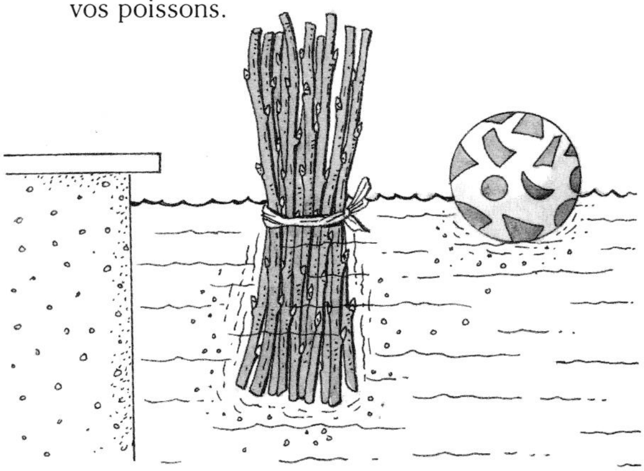

80 Il faut éviter que les **feuilles mortes** se décomposent dans l'eau, ce qui la rend trouble et acide et dégage des gaz nuisibles aux poissons. Tendez donc un *grillage fin autour d'une fourche* qui se transformera ainsi en outil bien pratique pour le ramassage des feuilles.
Ou encore, faites comme mes enfants : reconvertissez une vieille *raquette de tennis.*

Vous pouvez aussi tendre un *grand filet* (genre filet de protection ou même un vieux voile synthétique si vous en avez) sur votre plan d'eau au moment de la chute des feuilles. Posez des chevrons en travers de votre bassin, étalez le filet par-dessus et tenez le tout avec quelques pierres ou briques.

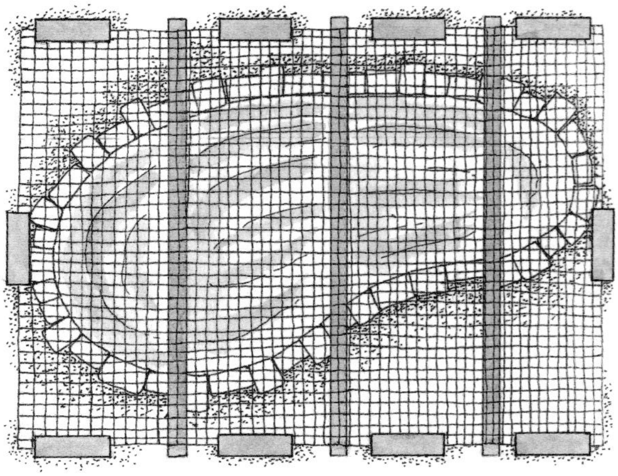

81 Savez-vous qu'il ne faut pas planter les **jeunes nénuphars** dans l'*eau trop froide,* donc pratiquement jamais avant le mois de mai?
En effet, l'eau froide risque de bloquer le développement des nymphéas, donc il vaut mieux laisser les jeunes plantes patienter dans une bassine remplie d'eau dans un local frais et clair en attendant que l'eau de votre bassin se réchauffe un peu.

82 Pour planter des **nénuphars** dans un **étang** ou une mare dont le fond est vaseux, il suffit d'attacher avec un petit bout de raphia *une pierre au rhizome* de votre nénuphar et vous immergez le tout à l'endroit voulu.
Une autre solution consiste à envelopper le rhizome dans une plaque de gazon dont le poids fera immerger le nénuphar.

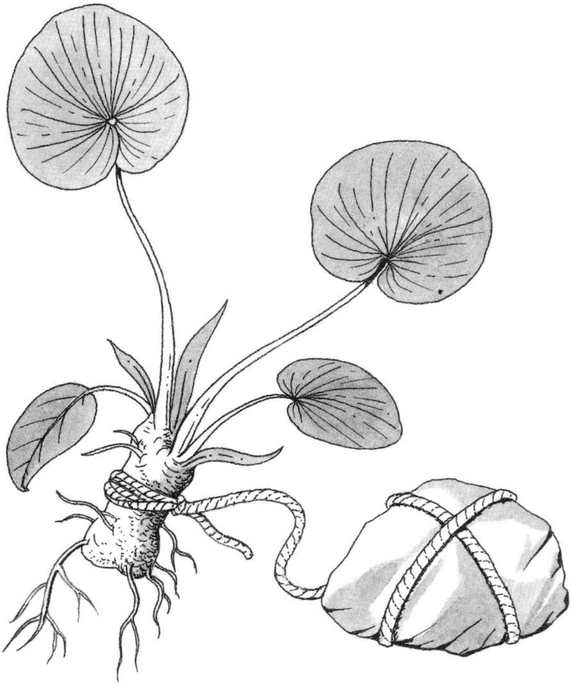

83 Votre bassin est plein d'eau et vous désirez planter un **nénuphar** en plein milieu, juste à l'endroit où *l'accès est quasiment impossible...* à moins que vous ne fassiez un plongeon?
Attachez donc *deux ficelles* de chaque côté de votre panier de plantation et avec l'aide d'une seconde personne vous pouvez poser votre nénuphar exactement à l'endroit choisi.
Pour une plantation de nénuphars exotiques, qui craignent le gel, laissez les ficelles sur place (cachées sous de grosses pierres, par exemple). Vous les réutiliserez pour retirer vos « frileux » du bassin avant l'arrivée des grands froids.

84 Les **lotus** sont des plantes magnifiques, certes, mais avec leurs *rhizomes traçants* ils auront vite envahi votre bassin et étouffé au passage les plantes plus faibles qu'eux.
Prévoyez donc de les planter dans de grandes *caissettes bien fermées* (en béton ou en brique) qui limiteront leur développement.

85 Si vous avez l'intention de rajouter quelques **plantes oxygénantes** dans votre bassin, pensez à les protéger pendant plusieurs mois avec une *cage en treillis* (à mailles fines) sinon vos jeunes plantes seront la proie de vos poissons qui seront ravis de changer leur menu habituel.
Une fois que vos plantes sont bien installées et se sont développées, vous pouvez enlever vos protections.

86 Les **pucerons** envahissent facilement les plantes aquatiques. Si vous avez des poissons dans votre pièce d'eau, vous ne pouvez pas employer les insecticides du commerce.
Voici une solution écologique: douchez vos plantes avec un *jet d'eau* assez fort qui fera tomber les pucerons et ainsi ils serviront de nourriture à vos poissons.
Une manière plus radicale consiste à poser un *grillage lourd* sur vos nénuphars de manière qu'ils s'enfoncent entièrement dans l'eau et avec eux les pucerons qui se noient.

87 Certaines plantes qui colonisent les bords du bassin sont sûrement très jolies mais aussi particulièrement *envahissantes* (**massette, joncs**, etc.).
Essayez de limiter leur végétation en créant des barrages pour leurs racines traçantes au moyen de *plaques en tôle ou en éternit* que vous enfoncez le plus profondément possible dans la terre.

BULBES À FLEURS
RHIZOMES, ETC.

Peu de plantes sont aussi accommodantes que les bulbes à fleurs qui nous accompagnent presque pendant les quatre saisons. Elles sont indispensables au printemps pour nous annoncer le retour du beau temps, excellentes comme « bouche-trou » dans nos massifs en été, les colchiques figurent parmi les dernières fleurs d'automne, et qui d'autre osera affronter le froid rigoureux de l'hiver aussi courageusement que les perce-neige et les éranthis ?
Réservez-leur donc une petite place dans votre jardin, d'autant plus qu'elles acceptent de pousser parmi les touffes de vivaces, dans les massifs d'arbustes, en bordure de bosquets, et sortez un peu des sentiers battus en découvrant la richesse de variétés différentes.

88 Si vous désirez un effet naturel lors de la **plantation** de vos bulbes, prenez-en une poignée, lancez-les en l'air et plantez-les là où ils retombent. Ainsi l'effet recherché est garanti.
Un petit conseil supplémentaire : passez les petits bulbes rapidement au *lait de chaux* avant de les lancer ; ainsi vous aurez moins de chances d'en oublier dans la nature, vous les repérerez par leur blancheur qui tranche bien sur la terre ou l'herbe.

89 Savez-vous que les bulbes produisent des **racines verticales** qui descendent à une profondeur presque égale à la longueur des tiges fleuries ?
Donc pour assurer une belle floraison et la survie de vos plantes bulbeuses, *ameublissez bien la terre* du trou de plantation jusque dans le sous-sol.

90 Vous vous désespérez devant des **bulbes qui refusent de fleurir** et vous vous apprêtez à les arracher pour les jeter définitivement ?
Donnez-leur donc une dernière chance en les arrachant et en les replantant en automne dans une terre bien enrichie en *engrais phosphaté et potassique*. Au printemps suivant, supprimez les fleurs qui tentent de se former. Arrachez-les de nouveau, dès que le feuillage a entièrement jauni, conservez-les jusqu'en automne et recommencez le même procédé pour une saison de plus.
Généralement, après ce régime vous devriez obtenir des plantes aptes à fleurir car les bulbes ont eu le temps de grossir et de se gorger de réserves.

91 Un certain nombre de fleurs ont absolument besoin d'un **tuteur** si l'on veut éviter qu'un orage ou un violent coup de vent ne les couche ou brise leurs hautes tiges. Prenez donc la précaution d'installer un *mince tube* en PVC épais ou en cuivre dans la terre au moment de la plantation de vos bulbes. Vous ne glisserez le tuteur dedans qu'au moment où les tiges auront atteint une certaine hauteur.
Ainsi le tout restera discret et les bulbes ne risquent pas d'être blessés par la pose ultérieure d'un tuteur.

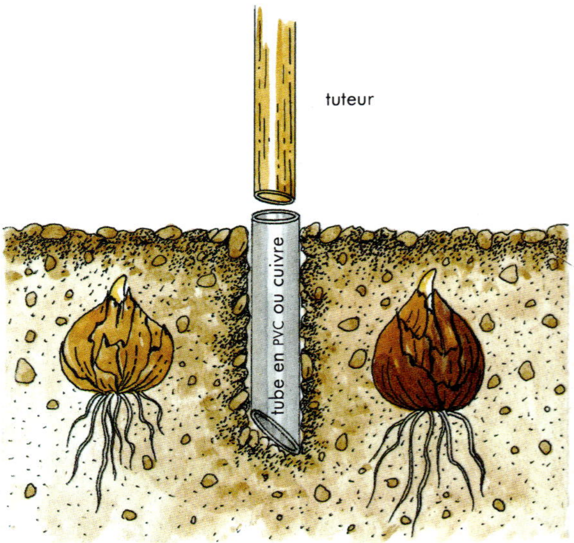

92 **P**our éviter que vos bulbes ne soient victimes d'un coup de bêche malencontreux pendant vos **labours d'hiver**, repérez leur emplacement avec des *tiges de buis ou de petit houx (Ruscus aculeatus)* que vous vous procurerez pendant une promenade automnale dans les bois. Un moyen joli, efficace et sans le moindre frais.

93 **C**ertains bulbes (les bégonias, par exemple) sont souvent attaqués par les **taupins** et les **vers blancs.** Prenez donc la précaution de saupoudrer l'emplacement avec un *produit spécial « insectes du sol »* qui viendra facilement à bout de ces parasites.

94 **A**fin de produire de **gros bulbes**, garants d'une belle floraison, *arrosez* vos plantes bulbeuses après leur floraison en rajoutant une *solution nutritive* au liquide. Attendez ensuite que leur feuillage soit entièrement fané avant de le couper ou de déterrer les bulbes.

95 **L**es **plantes couvre-sol** et les bulbes font bon ménage. Les unes masquent le feuillage qui jaunit après la floraison et les autres égayent un tapis parfois trop uniforme.

96 **Q**ui ne rêve pas de jolies potées printanières... en plein milieu de l'hiver ? Cela est tout à fait possible, à condition d'y penser assez tôt, c'est-à-dire au début de novembre. Vous avez sûrement déjà remarqué dans votre jardinerie des **bulbes « à forcer »** : ce sont des bulbes spécialement préparés en chambre froide et aptes à fleurir pour les fêtes de fin d'année. Mais il est possible de conditionner vos bulbes vous-mêmes si vous respectez les étapes suivantes :
a) portez votre choix vers des *bulbes de gros calibre ;* les jacinthes, les narcisses et les crocus sont les plus faciles à forcer ;
b) installez les bulbes dans leurs terrines ou pots destinés, en utilisant un mélange léger de sable et de terre de jardin ; enterrez ces récipients sous une bonne couche de compost au pied d'un mur ou d'une haie *exposée au plein nord* (si vous avez de la place au réfrigérateur, vous pouvez aussi les installer dans le bas de celui-ci — il n'y a pas de meilleur moyen pour leur faire croire que l'hiver s'est installé !) ;
c) début décembre, vous pouvez commencer à faire sortir vos potées de l'hivernage (sortez-les seulement au fur et à mesure, afin d'échelonner les floraisons) ; placez-les dans une pièce à une température de 15 à 20 °C, et maintenez l'obscurité en les *couvrant avec un capuchon de papier kraft ;* un petit arrosage par semaine est suffisant ;
d) il leur faut encore environ quinze à vingt jours pour que la grappe de fleurs apparaisse ; c'est seulement à ce moment-là que vous placerez vos récipients en pleine lumière, dans une pièce à environ 20 °C ; apportez un éclairage d'appoint si votre pièce est sombre — il faut qu'ils croient au soleil...
En procédant selon les étapes décrites — et si la nature veut bien jouer le jeu —, vos potées seront à l'apogée de leur beauté pour la fin de l'année, en se moquant de la grisaille et de la neige qui sévissent dehors.

Avant de mettre vos bulbes à l'**abri pour** 97
l'hiver, prenez la précaution de les saupoudrer avec un *produit fongicide et insecticide.*
Pour bien répartir une petite couche de poudre sur l'ensemble de vos bulbes, enfermez-les dans un grand sac plastique, versez-y la poudre, fermez bien le sac et agitez vigoureusement.
Ensuite, stockez vos bulbes dans un local sec et frais dans des clayettes ou suspendus dans des filets.

• Voir aussi l'astuce 98, ci-dessous, et l'astuce 549, chapitre « Récupération ».

Tous les ans après l'arrachage des 98
bulbes printaniers se pose le même problème : où et comment les **stocker** ?
Une pratique bien connue consiste à les suspendre dans de *vieux bas* dès qu'ils sont bien secs mais avez-vous déjà pensé à utiliser *les plaques alvéolées utilisées pour les œufs ?* Ainsi chaque bulbe sera rangé individuellement, ce qui évite les contaminations en cas de pourriture et chaque plaque pourra correspondre à une variété différente (n'oubliez pas d'étiqueter). Rien ne vous empêche de superposer ces plaques pour les ranger dans un lieu sec.

Peut-être avez-vous déjà été en admira- 99
tion devant la belle **amaryllis** mais vous regrettez son port un peu trop raide, ses fleurs magnifiques trop lourdes ?
Essayez donc de composer de jolies scènes avec vos *plantes vertes.* Elles assoupliront le port raide de l'amaryllis et se mettront mutuellement en valeur.
Voici un exemple de *composition :* une amaryllis blanche, un asparagus sprengeri, trois saintpaulia roses.

Les **amaryllis belladonna** sont de grands 100
amateurs de chaleur. Donc, si vous voulez les voir fleurir régulièrement, mêlez un peu de *charbon de bois* à la terre de plantation ou faites un paillage de charbon de bois de 5 cm environ. Le charbon aidera à capter un maximum de chaleur pendant la belle saison et permettra ainsi à votre amaryllis de prospérer.
Cette méthode est aussi valable pour les *gloriosas et les capucines tubéreuses.*

101 On vous a offert une magnifique potée d'**amaryllis** mais, malgré tous vos soins, vous n'arrivez pas à la faire refleurir l'année suivante. Saviez-vous qu'il faut continuer à arroser et bien nourrir votre plante après sa floraison pour qu'elle puisse reconstituer ses réserves nutritives ? Plus important encore, il faut absolument laisser la plante au sec pendant trois mois. C'est seulement après ce *repos impératif* que vous pourrez rempoter votre amaryllis dans un terreau tout neuf. Vous verrez alors qu'elle ne tardera pas à reprendre sa végétation en toute beauté.

102 Trempez les bulbes (pattes) des **anémones de Caen** pendant 12 à 14 heures dans l'eau pour les « réveiller », ensuite plantez-les à plat à environ 3 ou 5 cm sous le niveau du sol.
Si vous n'arrivez pas à déterminer la face qui va bourgeonner ne vous en faites pas trop et plantez-les *verticalement.* Elles se rétabliront d'elles-mêmes lors de l'enracinement du fait que les racines exercent toujours une traction vers le bas.

103 Pour faire avancer la floraison de vos **dahlias**, faites *démarrer leur végétation* vers la fin mars sous abri. Afin d'obtenir de bons résultats, vaporisez les tubercules à l'eau tiède ce qui réveillera les bourgeons. Ensuite, installez-les dans des grands cageots et couvrez-les avec de la tourbe légèrement humide.
Vous pouvez aussi les installer directement dans le *sac de balle de tourbe.* Si vous avez pris la précaution de découper soigneusement l'ouverture de votre sac, celle-ci pourra facilement se rabattre en cas de grands froids.

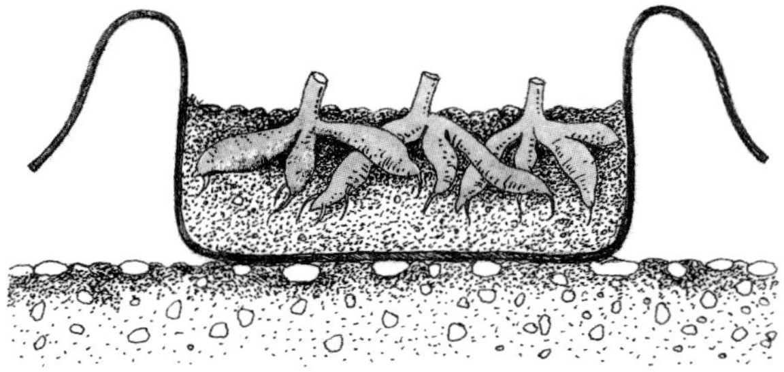

104 Si vous voulez des **dahlias** avec une grande continuité et une floraison abondante jusqu'aux gelées, n'oubliez surtout pas d'*enlever* très régulièrement *les fleurs fanées* (au moins une fois par semaine).
Ne confondez pas les boutons à fleurs et les boutons fanés : ils se ressemblent à s'y méprendre — avis surtout aux jardiniers non expérimentés et aux bénévoles qui aiment bien donner un coup de main au jardin sans en connaître grand-chose...

Afin de conserver vos **dahlias** après leur arrachage il faut bien les nettoyer, les faire sécher parfaitement et les entreposer dans une atmosphère sans humidité ambiante pour éviter tout risque de pourriture. **105**
La manière de *nettoyage* la plus rapide consiste à enlever l'excès de terre avec un bâtonnet puis de passer les tubercules sous un *jet d'eau assez violent* qui éliminera radicalement les traces de terre restantes. Pour le séchage, il suffit de retourner simplement les souches parfaitement nettoyées : l'eau s'égouttera toute seule, sans problème.

Vous rêvez de cultiver chez vous des **érémurus** avec leurs fières hampes florales qui égaient les massifs au mois de juin, mais votre terre est lourde et humide et ces originaires des steppes détestent ces conditions de vie. **106**
Voici une solution : à la plantation, installez votre plante sur un *monticule de sable,* étalez bien les racines et recouvrez le tout d'un mélange de terre poreux et riche. Vous allez voir comme vos érémurus seront contents d'un tel traitement en vous remerciant par une belle floraison.
Pour les régions aux hivers rigoureux, prévoyez *une protection* (une cloche ou un épais tapis de feuillage).

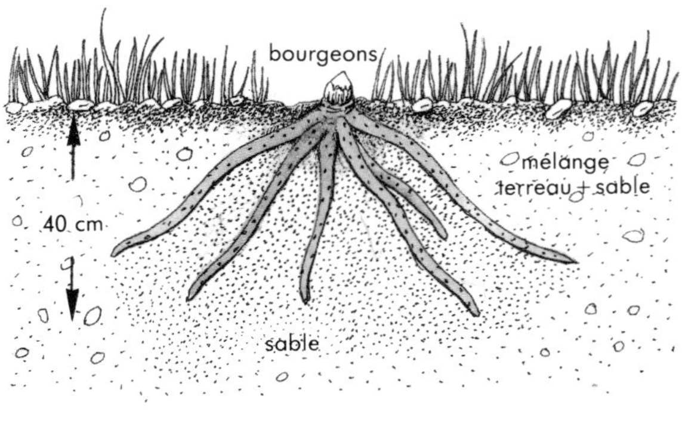

107 Pour assurer une floraison continue de vos **glaïeuls**, plantez-les à *15 jours d'intervalle.* Ainsi vous pouvez obtenir des fleurs de fin juin jusqu'aux gelées. Calculez leur plantation de manière qu'ils ne fleurissent pas pendant vos vacances : on compte environ 90 à 110 jours entre la plantation et la floraison.

108 Si vous couvrez les cormes de vos **glaïeuls** d'au moins 10 cm de terre vous éviterez que les plantes ne soient couchées par la pluie ou le vent ; ainsi le *tuteurage* n'est plus indispensable.
Une autre solution consiste à les planter très serrés, de cette manière ils se soutiennent mutuellement. Ou encore, appuyez ou contre-plantez les glaïeuls avec des arbustes qui leur fourniront le support nécessaire. Vous créerez ainsi des scènes d'un charme très naturel car les branchages des arbustes allègent le port un peu trop raide des glaïeuls.

109 Les **glaïeuls** sont souvent sujet aux *attaques de thrips* qui font des dégâts considérables.
Avant la plantation, trempez les cormes pendant quelques heures dans de l'eau claire additionnée d'un insecticide. Cela détruira les insectes qui hivernent sur les cormes et, en plus, fera gonfler ceux-ci, ce qui facilitera la reprise.

110 Si vous voulez récolter les tiges fleuries de vos **glaïeuls** afin de confectionner de somptueux *bouquets,* conservez au moins quatre feuilles sur chaque plante sinon les bulbes risquent de dégénérer rapidement à cause d'un manque de nourriture.

111 Lors de la *déplantation* de vos **glaïeuls**, supprimez le plus vite possible le vieux tubercule. En effet, celui-ci continue de prélever une quantité importante de sève dans les tissus jeunes, engendrant ainsi un affaiblissement du jeune tubercule.

112 Vos **glaïeuls** ont avorté leurs fleurs juste avant l'éclosion et vous ne constatez aucun dégât dû à un parasite ou à une maladie ?
Vos plantes ont probablement simplement *manqué d'eau* et l'avortement est une défense naturelle pour assurer la survie. Donc pensez aux arrosages par temps sec !

113 Les rhizomes des **iris** ont besoin de beaucoup de chaleur pour bien se développer. N'enterrez donc pas les rhizomes de plus de 1 ou 2 cm pour que *l'écorce profite au maximum du soleil* (après tassement de la terre le rhizome doit être apparent).
Exceptionnellement, même le paillage est déconseillé ; il faut absolument laisser les rhizomes découverts.

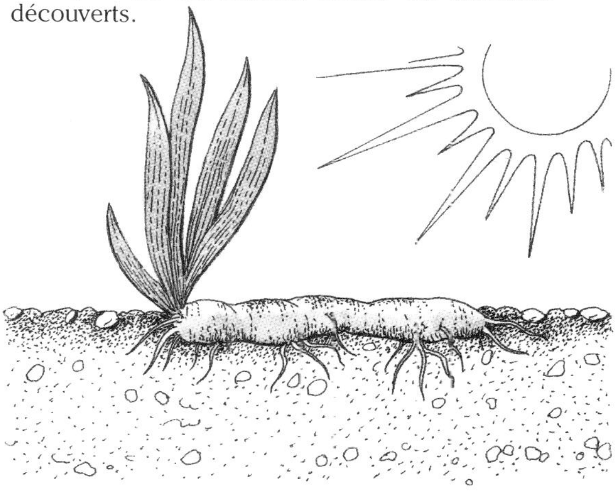

114 Faites vos *plantations et divisions* d'**iris** toujours immédiatement après la floraison (donc au mois de juillet) pour que les plantes arrivent à bien s'enraciner avant l'hiver. L'absence de floraison chez les iris est souvent due à une transplantation tardive.

115 Des expériences ont démontré qu'il est difficile de faire pousser correctement les **jacinthes** et les **iris** bulbeux dans une terre utilisée précédemment pour les tulipes. Le même phénomène peut être constaté lorsqu'on plante des **tulipes** après les **narcisses**. Ne cherchez pas à comprendre — la nature a ses mystères — mais essayez plutôt d'en tenir compte quand vous installez vos massifs printaniers.

116 Quand vous achetez vos **jacinthes**, ne regardez pas seulement leur calibre mais aussi le diamètre du *plateau basal qui portera les racines :* s'il est trop petit par rapport au calibre du bulbe, la floraison risque d'être décevante car le bulbe a probablement subi un traitement à base d'une alimentation azotée, qui fait grossir le bulbe artificiellement.

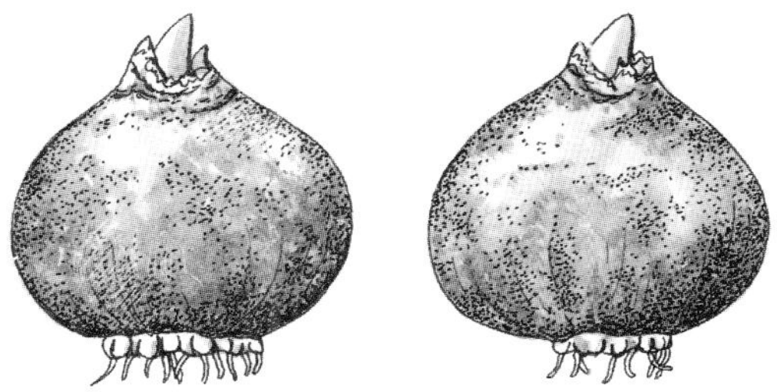

117 Pour obtenir une belle floraison de **lis** il faut les *planter assez profondément* (au moins 20-25 cm) car certains émettent des racines sur leur tige florale au-dessus du bulbe. Ces racines leur sont indispensables et ne peuvent se former si vous avez planté vos lis trop superficiellement. Seule exception : *le lis candidum* qui affectionne une plantation à très faible profondeur.

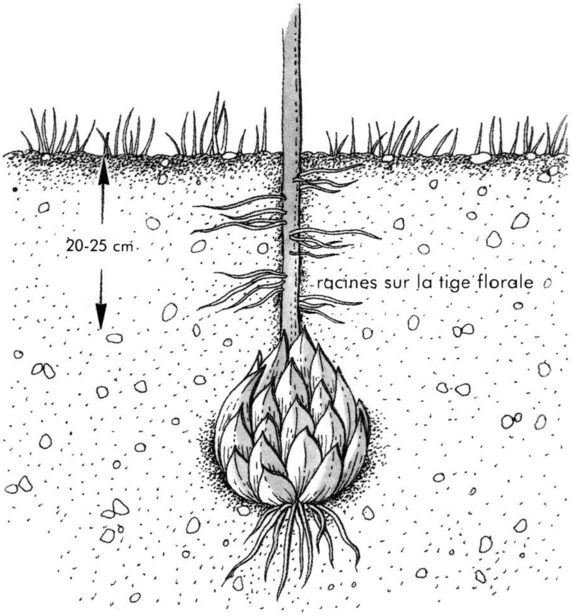

118 Au lieu d'enlever vos bulbes de **narcisses** tous les ans pour les replanter ensuite en automne, installez-les donc définitivement. Composez des taches de couleur entre vos plantes vivaces qui prendront la relève une fois que les narcisses seront fanés, et, de plus, elles cacheront le feuillage jaunissant.
Si vous procédez à une plantation aussi soigneuse que pour vos plantes vivaces (bon mélange terreux, éventuellement une couche de sable qui servira de drainage en terrains humides), vos bulbes vous satisferont pendant de longues années et se *multiplieront d'eux-mêmes.*

119 Évitez de laisser en terre vos plus belles **tulipes** qui finiront pas disparaître ou dégénérer (à l'exception des tulipes botaniques comme la tulipe tarda).
En effet, les tulipes sont *originaires des steppes* donc habituées à passer des étés parfaitement au sec, chose difficile à réaliser quand elles sont mélangées, entre autres, avec vos fleurs vivaces qui demandent des arrosages fréquents en été.
En revanche, vous pouvez laisser se naturaliser vos *jacinthes* qui auront des *hampes florales moins rigides* par la suite et s'intégreront ainsi plus facilement dans vos scènes naturelles.

120 Si votre jardin est régulièrement « visité » par *les mulots* qui considèrent vos bulbes de **tulipes, narcisses,** etc., comme une grande gourmandise, installez donc vos bulbes dans de *petits paniers* que vous pouvez facilement fabriquer vous-mêmes avec du grillage à mailles fines (on en trouve aussi dans le commerce, en plastique, tout prêt à planter).
De plus, si vous voulez enlever vos bulbes après la floraison pour laisser la place à d'autres cultures, il suffit d'enlever le panier contenant les bulbes pour leur laisser finir leur cycle de végétation dans un petit coin discret du jardin.

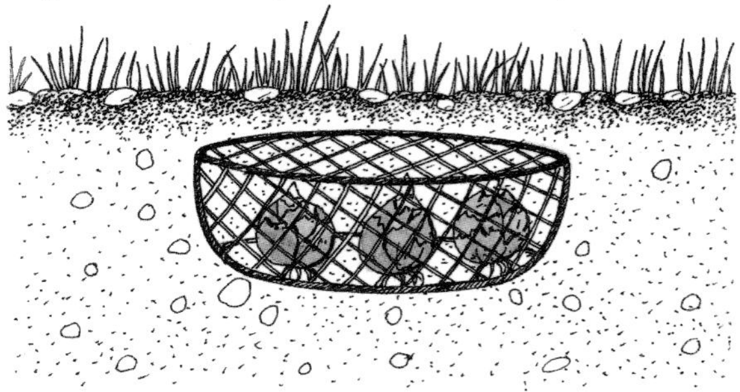

121 Vous êtes pressé d'enlever les **tulipes, narcisses,** etc., défleuris : n'oubliez surtout pas qu'ils ont besoin d'*achever leur végétation* sinon ils seront incapables de refleurir l'an prochain.
Ouvrez donc une tranchée dans un petit coin de votre jardin (le potager, par exemple), posez dedans un *grillage ou filet plastique* que vous faites déborder de chaque côté. Posez dessus vos bulbes, couvrez-les avec de la bonne terre, arrosez et attendez que le feuillage se dessèche naturellement. À ce moment-là les bulbes ont atteint leur maturité et il suffit de soulever le grillage pour les récupérer.

Remarques, observations personnelles

L'homme prospère est comme l'arbre : les gens l'entourent tant qu'il est couvert de fruits ;
mais sitôt les fruits tombés, les gens se dispersent à la recherche d'un arbre meilleur.

PROVERBE CHINOIS

C

Compost

Conservation des fruits et légumes

Constructions au jardin (dallages, murets, pergolas, châssis)

1 Floraison de *Prunus serrulata «Amanogawa»,* un petit arbre à port dressé, parfait pour les petits jardins.

2 À admirer de près: détail de la floraison de *Kolkwitzia amabilis,* un arbuste élégant à floraison généreuse en mai.

3 *Rhododendron «Sappho»* aux fleurs d'un blanc pur à forte macule violette teintée de noir. Une vraie merveille.

4 Petite plante bulbeuse trop peu employée: *Allium karataviense* à magnifique feuillage bleuté et floraison en mai.

COMPOST

Le compost : sous ce mot se cache une formidable source de richesse naturelle. Quel gaspillage de voir atterrir dans les poubelles tous les déchets organiques qui n'attendent que de rentrer dans leur cycle naturel, c'est-à-dire de se décomposer et apporter la vie à leur tour en fertilisant le jardin. N'oublions jamais : la nature a un équilibre fragile mais parfait. À nous de faire un petit effort et de le respecter.
Un petit conseil avant d'aborder les astuces : faites un tas de compost séparé avec vos mauvaises herbes qui ont commencé à monter en graine et n'utilisez surtout pas le terreau qui en résulte pour vos semis... sauf si vous avez envie de composer un magnifique tapis de mauvaises herbes.

122 Le tas de compost a besoin d'une **ombre légère.** Si vos arbustes n'ont pas atteint une taille suffisante pour jouer ce rôle, plantez donc à côté des *citrouilles ou des potirons* qui procureront l'ombre nécessaire avec leurs grandes feuilles.

123  Les **déchets ligneux** (branches de taille, tiges coriaces) sont assez difficiles à composter à moins que vous ne soyez l'heureux propriétaire d'un broyeur. Faites donc un tas séparé avec ces débris, laissez sécher sur place et dès que tout est parfaitement sec, il suffit de *piétiner le tas* pour le *réduire en petits morceaux* qui s'incorporeront alors facilement à votre tas de compost.

124  Au lieu d'acheter un **activateur de compost** dans le commerce, préparez-le vous-même en faisant une décoction d'orties. Vous l'emploierez dans des trous de 50 cm de profondeur que vous avez fait préalablement dans votre tas (un trou tous les 30 cm), versez-y un demi-arrosoir, rebouchez chaque trou avec un peu de terre et la nature fera le reste.
Recette de la **décoction d'orties :** Posez une bonne brassée d'orties dans un grand récipient, couvrez d'eau claire et fermez avec un couvercle ; laissez macérer pendant trois semaines et votre décoction sera bonne à employer.

125 Savez-vous qu'un des meilleurs composts de rempotage est le **terreau de feuilles d'aulnes** ? En effet, les aulnes ont sur leurs racines un champignon parasitaire et, comme les légumineuses, ils enrichissent le sol dans lequel ils poussent. Donc, rapportez-en un petit peu de votre prochaine promenade (on rencontre les aulnes dans tous les lieux humides).
Un autre compost par excellence est le terreau qu'on trouve dans le *tronc des arbres morts* et... dans vos *gouttières* !

126 Vous pouvez fabriquer rapidement et sans frais un **silo à compost** si vous disposez de **pallettes en bois.** Il suffit de les assembler et de les protéger avec une pulvérisation de sulfate de cuivre (3 cuillerées à soupe de poudre pour 5 litres d'eau) qui, de surcroît, donne à votre silo une jolie couleur bleu-vert qui s'intégrera bien dans son environnement.
L'idéal est de prévoir *trois compartiments* : la première case sert pour tous les déchets frais, la deuxième pour le compost à moitié décomposé et la dernière contient le terreau-maison prêt à servir.

CONSERVATION

DES FRUITS ET LÉGUMES

Si décembre est sous la neige, la récolte se protège.
DICTON

Malheureusement, il ne faut pas toujours compter sur la sagesse des vieux dictons. Le vrai sage prendra ses précautions et ne se laissera pas surprendre par les caprices de la nature.
En dehors des règles élémentaires pour la conservation des fruits et légumes (fruits parfaitement sains, fruitier frais, aéré, propre, etc.), voici quelques trucs complémentaires.

127 Avant d'entreposer vos **betteraves** dans un silo, une cave, etc., *tordez d'un coup sec le feuillage* à quelques centimètres du collet. La conservation est nettement moins bonne si vous coupez les feuilles près de la racine. Et n'oubliez pas non plus de bien enlever la terre *(ressuyage)*, sinon elles seront sujettes à la pourriture.
Cela est valable pour tous les légumes-racines que vous désirez conserver en hiver.

128 Une façon très simple de bien conserver vos **carottes** pendant l'hiver : épandez une bonne couche de *sable sec* (environ 10 cm) sur le sol de votre cave ou, éventuellement, dans une caisse en bois. Ensuite, déposez vos carottes bien ressuyées par-dessus et alternez ainsi une couche de sable et une couche de carottes en terminant par le sable pour bien les couvrir. Ainsi stockés, vos légumes passeront l'hiver sans problème.
La même méthode peut être utilisée pour les **céleris-raves**, les **betteraves** rouges et les **navets**.

129 Pour conserver vos **oignons**, attendez que leurs feuilles aient *complètement jauni,* laissez-les *ressuyer* et sécher pendant plusieurs jours en plein soleil. (Éventuellement, vous pouvez *déchausser* légèrement vos oignons environ deux semaines avant la récolte prévue. Mais ne vous donnez pas du travail supplémentaire en nouant les tiges avant la récolte, comme souvent préconisé dans les vieux livres : des recherches récentes ont pu prouver que c'est une technique parfaitement inutile.)
Conservez ensuite les oignons dans un lieu bien sec et aéré, soit joliment tressés à l'ancienne ou, plus simplement, dans un *collant* que vous accrochez.

130 Savez-vous pourquoi certains fruits du commerce (notamment les **poires**) ont un *pédoncule couvert de paraffine* ? Ce bouchon de paraffine empêche en partie les échanges gazeux et évite ainsi à la chair de blettir trop vite.
Donc, si vous désirez prolonger la conservation de vos plus beaux fruits, ayez recours à ce procédé simple et efficace.

131 Les **pommes** et les **coings** ont besoin d'être conservés loin des autres fruits. En effet, ils ont des *émanations si fortes* qu'ils risquent de gâcher le goût de tous les autres fruits dans leur voisinage.

132 Vous avez fait une récolte de magnifiques **potirons** et ne savez pas comment les conserver ? Récupérez des *filets à pommes de terre,* posez dedans vos potirons et accrochez-les sur une poutre de votre cave ou de votre grenier en prenant soin qu'ils ne se touchent pas entre eux (risque de pourriture). Ainsi vous allez pouvoir vous régaler pendant tout l'hiver !

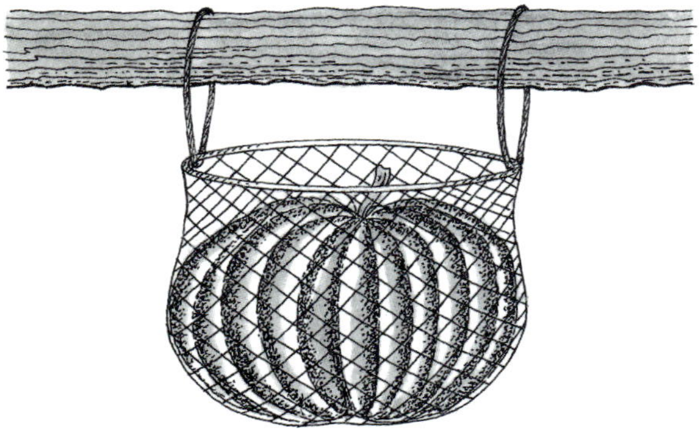

133 Si vous avez la chance de posséder une vigne et que vous vouliez manger du **raisin** de table jusqu'à Noël, cueillez de belles grappes par temps bien sec et plongez le sarment dans un *flacon d'eau* dans laquelle vous avez ajouté quelques morceaux de charbon de bois pour éviter son croupissement. En le conservant ainsi, dans un lieu sec et aéré, le succès est garanti.

CONSTRUCTIONS AU JARDIN

Constructions utiles pour accéder, clôturer, protéger, ou constructions futiles rien que pour le plaisir, faites toujours très attention qu'elles n'écrasent pas l'ensemble.
Il faut arriver à donner une impression aussi naturelle que possible en cassant les angles, en créant des décrochements, en évitant les alignements et en laissant pénétrer la végétation entre les divers matériaux.

134 Si vous avez un **châssis** qui n'est pas pourvu d'une *crémaillère* pour régler l'ouverture, sachez qu'une simple *cale en bois* peut permettre quatre positions différentes d'ouverture pour aérer suivant les besoins de vos plantes.

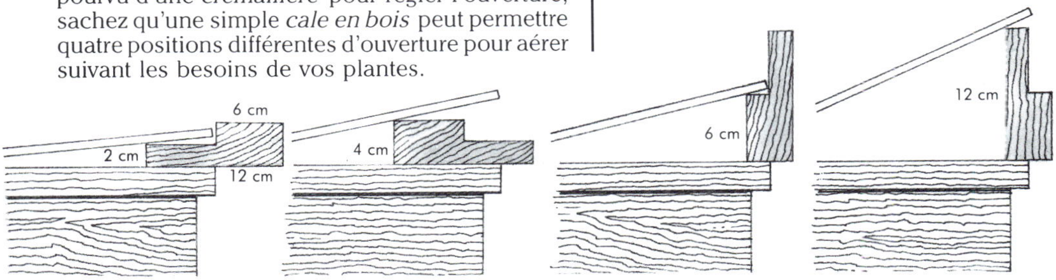

135 Une idée originale, vue en Allemagne, pour tous ceux qui possèdent une **clôture** qui laisse le regard ouvert vers le voisin. Si vous voulez garder cette ouverture qui agrandit visuellement l'espace, tout en vous préservant des regards indiscrets par moments, pensez à installer des *stores à lames verticales* entre les poteaux de la clôture : ainsi vous ouvrez et fermez à volonté.

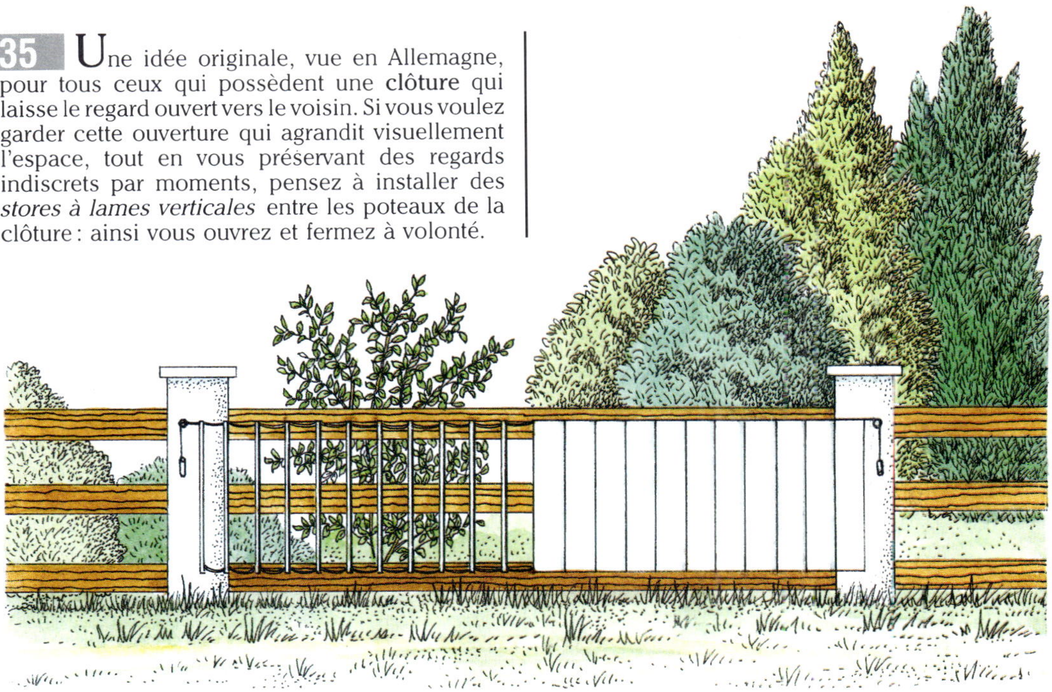

136 Vous avez porté votre choix sur une **clôture** ou un **portail en PVC** pour la facilité de son entretien, mais vous lui reprochez son aspect un peu trop artificiel, essayez donc de l'intégrer dans l'environnement naturel en plantant des arbustes généreux au pied qui formeront une *haie libre* pleine de charme. Vous avez l'embarras du choix parmi les cotoneasters, berberis, forsythias, chèvrefeuilles, rosiers anciens, cornus, etc.

137 Vous trouvez votre **escalier en béton** un peu trop raide et sans charme ?
Essayez donc d'installer de chaque côté dans une poche de terre des *plantes tapissantes* comme les aubriètes ou aubriétias, hélianthèmes, ibéris, etc., et, pourquoi pas, une clématite montana que vous faites courir par terre. Avec leur port souple et retombant ces petites plantes masqueront le bord extérieur des marches et, généralement, elles ne tardent pas à s'aventurer vers l'intérieur, ce qui rajoute au charme naturel.

138 Tous les enfants rêvent d'une **petite maison** au jardin pour s'y réfugier, jouer ou simplement regarder les nuages qui défilent...

Si vous n'avez pas le temps (ni l'argent) pour leur réaliser ce rêve, munissez-vous d'une dizaine de tuteurs hauts d'au moins 2 mètres et assemblez-les en forme de *tente indienne.* En guise de couverture faites pousser un ou deux pieds de mûrier sans épines ou, pourquoi pas, des haricots grimpants qui cacheront rapidement ce petit refuge sous leur ample feuillage.

139 Pour créer des **pas japonais** « bon marché », il suffit de creuser l'emplacement prévu à une profondeur de 7 à 10 cm dans le sol. Donnez-leur des formes irrégulières pour imiter au maximum la pierre naturelle et coulez du béton dans ces « moules » ; tassez et lissez avec une taloche afin d'obtenir une surface uniforme mais légèrement rugueuse. Prenez la précaution de faire affleurer ces dalles au niveau du sol pour permettre le passage de la tondeuse.
Avec les années, vos pas japonais acquerront une jolie patine et feront oublier leur origine « béton ».

140 Afin de rendre imputrescible le bois des **poteaux, tuteurs** et tout ce que vous pouvez utiliser pour vos petites constructions, il suffit de *calciner* l'ensemble de l'écorce qui risque d'être en contact avec l'humidité.
Une autre méthode consiste à le faire tremper dans de l'*huile de vidange.*

Remarques, observations personnelles

L'artiste doit aimer la vie et nous montrer qu'elle est belle. Sans lui, nous en douterions.

ANATOLE FRANCE

D

Désherbage, mauvaises herbes

Désherbants

1 Composition pour un jardin en terre acide (terre de bruyère) : azalée mollis hybride, *Acer palmatum « Dissectum atropurpureum », Pieris japonica « Variegata »* et *Thuya orientalis « Aurea Nana »*.

2 Détail du feuillage de *Spiraea japonica « Goldflame »*.

3 Jolie plante couvre-sol trop peu connue : *Hebe pinguifolia*. Elle a tous les atouts pour vous séduire : très bonne résistance au froid, un joli feuillage persistant de couleur glauque ainsi qu'une belle floraison blanche en juin.

4 Massif sans problème et pratiquement pas d'entretien : iris, stachys lanata et l'éclat de couleurs de *Spiraea japonica « Goldflame »*.

DÉSHERBAGE

MAUVAISES HERBES

Qui de nous n'a pas été découragé par le spectacle qui s'offre au retour des vacances : les mauvaises herbes ont pris possession de nos plates-bandes (pourtant soigneusement bichonnées avant notre départ), le potager a disparu sous un joli tapis fleuri de toutes sortes d'envahisseurs et en plein milieu de la pelouse se dresse un magnifique chardon de 2 mètres qui vous rit au nez...
Écœuré par la ténacité de ces « pestes », on finit par baisser les bras ou déclarer la guerre avec des moyens forts.
Certes, le désherbage est rarement un tour de plaisir mais essayons quand même de voir les choses de manière un peu plus positive, avec une certaine philosophie si vous voulez. N'est-il pas admirable de voir à quelle vitesse ces petites plantes arrivent à se développer et cela sans les moindres soins, se débrouillant toutes seules dans un environnement parfois plus qu'hostile ? Avez-vous déjà regardé certaines « mauvaises herbes » de plus près ? Avant de tout arracher, plein de colère contre la nature, prenez le temps de regarder vos « ennemis » d'un œil différent : vous risquez d'être surpris par la beauté de certains et l'on peut se poser la question de savoir où est la limite entre « fleurs » et « mauvaises herbes »...
Après ces petites réflexions, voici quelques conseils pour mieux défendre *vos* intérêts.

141 Prenez l'habitude de **pailler** régulièrement le sol après chaque désherbage. Ainsi les mauvaises herbes auront du mal à traverser cette couche protectrice et vos plantes vous seront reconnaissantes pour cet apport d'humus qui, en plus, leur préserve une certaine fraîcheur aux pieds.

- Voir aussi les astuces au chapitre « Paillage ».

142 Pour les amateurs de **plages de galets** (très joli en association avec les graminées) un petit truc pour échapper à la corvée du désherbage : posez un *film plastique* sous vos galets et les mauvaises herbes n'arriveront pas à s'installer. Vous pouvez utiliser le même genre de procédé pour presque toutes les cultures mais préférez alors les *feutres jardin* qui laissent passer l'eau et l'air mais pas les mauvaises herbes. Il suffit de couvrir l'ensemble d'un petit lit de gravillons, écorce, etc., pour les oublier.

143 Une astuce pour limiter les désherbages au **potager** consiste à semer de l'**engrais vert** entre vos rangs de légumes.
Votre potager restera impeccable pendant plusieurs mois et, de surcroît, si vous choisissez votre engrais vert parmi les *légumineuses* (petit pois, par exemple) il enrichira votre terre en azote.
Comme il s'agit d'un engrais vert, n'hésitez pas à le piétiner, cela ne présentera donc aucun obstacle pour accéder à vos cultures. Dès que votre engrais vert atteindra 15 à 20 cm et s'apprêtera à fleurir, fauchez-le et laissez les fanes sur le sol en guise de paillage.

144 Pour faciliter l'arrachage des mauvaises herbes en période sèche, n'oubliez surtout pas de bien **arroser** la veille. Laissez la terre s'imprégner de l'humidité pendant la nuit et le lendemain matin les mauvaises herbes partiront presque toutes seules.

145 Si votre potager est infesté de mauvaises herbes comme le **liseron**, les **prêles**, l'**oseille sauvage**, méfiez-vous des *lames de votre motoculteur* qui transformeront à leur passage les tronçons de racines en de nombreuses petites boutures qui n'attendent que de s'enraciner !

146 Apprenez à faire la différence entre les bonnes et les mauvaises herbes dès qu'elles sortent leurs petites pousses de terre *(sur de nombreux sachets de graines on vous montre leur apparence par un petit dessin).*
Cela vous évitera de **repiquer** joyeusement de jolis petits plants de ces indésirables, ce qui arrive plus souvent qu'on ne pourrait le croire ; avis surtout aux débutants !

147 Comme la vie est bizarre parfois ! Tout le monde se précipite pour arracher les **pissenlits** qui osent montrer leurs têtes dans les pelouses et plates-bandes... pour les semer un peu plus loin au potager pour changer le régime de salades...
Ne serait-il pas plus astucieux de manger déjà tous ceux qui poussent à des endroits qui ne leur sont pas destinés au lieu de les jeter avec dédain sur le tas de compost ? Si vous enlevez les jeunes pissenlits à l'aide d'une gouge et les installez ensuite dans un seau rempli de tourbe et terreau dans l'obscurité pour les faire blanchir, ils seront aussi délicieux que leurs petits frères de culture... et de plus vous aurez effectué un désherbage efficace.

148 Une autre mauvaise herbe qui, bien employée, peut s'avérer fort utile : l'**ortie**. Transformez donc ces « pestes » envahissantes en *purin d'ortie* qui présente un *excellent engrais très riche en fer* ou un *insecticide efficace contre les pucerons et les acariens.*
Voici la *recette* pour faire cet « élixir magique » :
— coupez les orties de juin à août et veillez à ce qu'elles ne soient pas montées en graine sinon vous feriez de beaux semis ;
— hachez grossièrement et faites macérer environ 1 kg d'orties dans 10 litres d'eau dans un récipient placé au soleil. Dans ces conditions, la fermentation est très rapide et vous la constaterez par la forte odeur qui se dégage.

Attention ! Pour utiliser votre purin en arrosage de jeunes plants, il faut le diluer vingt fois et, en pulvérisation sur les rameaux et feuilles, cinquante fois, sinon gare aux brûlures.

- Voir aussi l'astuce 124, chapitre « Compost ».

149 Ne laissez pas votre tas de mauvaises herbes par terre en espérant qu'elles mourront en desséchant. Une petite pluie imprévue et ces indésirables reprendront vie et s'enracineront de nouveau avec une vigueur incomparable.
Pour les **mauvaises herbes en fleurs**, il ne reste qu'une solution : les *brûler.* C'est la seule manière d'éviter qu'elles se ressèment un peu partout, emportées par les oiseaux et le vent.
Autre conseil : arrachez systématiquement toutes les mauvaises herbes qui s'apprêtent à fleurir. Ce petit geste quotidien vous permettra de repousser à plus tard un nettoyage complet et vous évitera par la suite de longues heures de désherbage.

150 Profitez des jours de **grandes gelées** pour faire un *nettoyage rapide* au jardin : avec un coup de binette on enlève facilement et rapidement les mauvaises herbes sans toucher au sol.

151 Avant de vous précipiter sur un produit désherbant quand votre allée de gravier commence à « verdir », au printemps, regardez donc attentivement toutes ces plantules qui lèvent. Vous aurez peut-être la surprise agréable d'y découvrir de jeunes roses trémières, des népetas, des camomilles, des géraniums vivaces, etc., qui trouvent un terrain idéal dans les **graviers pour se ressemer...** Bref, vous avez une vraie *petite pépinière* à portée de main ! Il ne reste qu'à les repiquer dans vos massifs ou, éventuellement, en faire cadeau au voisin. Le grand ménage aux produits désherbants se fera après.

DÉSHERBANTS

À utiliser avec modération...

152 Si vous n'avez pas de désherbant chimique sous la main, pensez à l'astuce suivante pour un désherbage rapide, efficace, mais irréversible : répandez quelques poignées de **gros sel** sur les endroits à nettoyer. Cela est valable pour vos *allées,* entre vos *dallages, briques...*

153 Pour désherber le *sol gravillonné* de votre serre, vous pouvez avoir recours à l'**eau très chaude**, épandue avec un arrosoir. De plus, la vapeur qui s'en dégagera fera le plus grand bien à vos plantes qui se retrouveront sous un climat tropical pour quelques instants.

154 Afin d'éviter une application générale sur une grande surface (**pelouse** par exemple) quand il n'y a que quelques touffes de pissenlits ou chardons à éliminer, vous pouvez appliquer le produit désherbant avec un *pinceau* sur l'ensemble du feuillage de l'indésirable.

155 Si vous voulez assurer une destruction immédiate de vos **chardons**, amusez-vous à les badigeonner avec du *pétrole :* le succès est garanti. Mais attention à ne pas toucher aux plantes environnantes !

156 Il arrive qu'on soit obligé d'abattre un arbre ou un grand arbuste. On se trouve alors face à une **souche** importante dont on ne sait quoi faire : tout le monde n'a pas la possibilité de la faire arracher par un tracteur. Pour vous en débarrasser définitivement — souvent votre arbre ainsi « recépé » se remet à faire des pousses magnifiques —, faites des trous à la perceuse dans votre souche (à une profondeur d'environ 10 cm) et remplissez-les avec du *chlorate de soude.* Rebouchez les trous avec de l'argile ou simplement de la pâte à modeler et patientez quelques mois pour que le produit fasse son effet.

Un autre moyen, dans un style tout à fait différent, consiste à *mettre votre belle souche en valeur.* Transformez-la donc en *« jardinière naturelle »* en creusant au centre et en la remplissant avec un bon terreau. Prenez la précaution de réaliser aussi deux ou trois trous obliques à la perceuse pour que l'eau en excès puisse s'écouler. Installez ensuite dans ce « récipient » des petites plantes retombantes selon votre choix. Votre arbre abattu aura ainsi retrouvé une nouvelle vie !

Remarques, observations personnelles

Montre-moi ton jardin, je te dirai qui tu es.
Proverbe français

E

Engrais et amendements

Entretien du jardin

Établissement d'un jardin :

- choix d'un style
- plan et tracé
- choix des végétaux
- les jardins beaux douze mois par an
- les jardins à petite surface
- les jardins sans entretien

1 Beauté de branches dans leur parure hivernale : *Salix matsudana 'Tortuosa'*.

2 *Penniscisetum orientale* en hiver : très jolie graminée beaucoup plus rustique que souvent prétendu (celle-ci a survécu à $-20\,^{\circ}C$).

3 *Callicarpa bodinieri giraldii*. Mettez-le bien en vue de la maison : avec ses baies, il égaiera vos massifs pendant une grande partie de l'hiver.

4 La neige ne lui fait pas peur : *Erica carnea « Vivelii »*.

ENGRAIS ET AMENDEMENTS

Tous ceux qui désirent un beau jardin avec des fleurs resplendissantes et des fruits succulents, sont généralement obligés, un jour ou l'autre, de donner un petit coup de main à la nature en apportant de l'engrais afin de rééquilibrer ou d'améliorer la terre.
Adaptez les matières fertilisantes aux besoins réels de vos plantes, donc mettez un peu de bon sens dans vos apports d'engrais : un rhododendron n'a pas les mêmes besoins que les salades... Cela vous fait sourire, mais moi, j'ai tout vu à ce sujet !
Si vous vous sentez un peu perdu devant l'étalage important de produits avec leurs formules chimiques compliquées, n'hésitez pas à demander conseil à votre fournisseur habituel, il saura vous orienter.

157 Attention ! Ne faites jamais un apport d'**engrais** et de **chaux** en même temps, non plus un apport d'amendement organique la même année que l'apport de chaux : ils s'anéantissent mutuellement par une réaction chimique et tout l'effort (ainsi que l'argent investi) sera perdu.

158 Pour avoir un jardin sans souci, il faut chercher les moyens d'améliorer la terre à long terme : un des meilleurs amendements organiques, et aussi un des moins chers, est la **tourbe**. Elle est capable de bonifier aussi bien les *terres très sableuses* en retenant l'humidité que *les terres lourdes* et compactes en les allégeant.

159 Connaissez-vous les **engrais foliaires** qui s'appliquent en pulvérisation directement sur le feuillage ?
C'est un moyen sûr et rapide pour aider vos nouvelles plantations au démarrage ou les fortifier quand elles montrent des signes de faiblesse ou des attaques parasitaires.
Au moment de vos *traitements phytosanitaires,* ajoutez donc régulièrement une dose d'engrais foliaire, qui apportera les « vitamines » nécessaires à leur croissance (choisissez un engrais foliaire qui contient des *oligo-éléments ;* ce sont eux qui fournissent les « vitamines »).
Attention ! les engrais foliaires ne remplacent pas la fumure annuelle, ils constituent seulement un apport supplémentaire.

160 N'apportez jamais d'engrais pendant le mois qui suit un **rempotage**. Laissez à votre plante le temps de bien s'installer, elle trouvera suffisamment de nourriture dans son nouveau substrat et risquera seulement de souffrir si vous essayez de la gaver.

161 Si vous vous absentez assez souvent et que, par conséquence, vos plantes sont obligées de se débrouiller seules avec parfois un manque d'arrosage, n'utilisez surtout pas les **engrais en comprimés** à enfoncer dans la terre : ceux-ci risquent de provoquer des brûlures du système radiculaire dues à une concentration d'éléments fertilisants dans un milieu trop sec. Optez plutôt pour les **engrais liquides** à diluer dans l'eau et employez-les *toujours sur une terre préalablement mouillée.*

162 Pour une meilleure utilisation des **engrais chimiques à action lente** (engrais phosphatés, par exemple) prenez la précaution de les verser dans des *trous* faits auparavant avec les dents d'une fourche ou d'une barre à mine.
En effet, la pénétration dans le sol se fait très lentement (environ 1 cm par an) et le temps que l'engrais atteigne les racines en profondeur, il risque d'être trop tard. Faites suivre votre apport d'engrais d'un *arrosage copieux* afin de faire descendre les matières fertilisantes à proximité des racines.

163 Savez-vous que les **algues** sont deux fois plus riches en *potassium* que le fumier et apportent en plus des oligo-éléments ?
Donc, si vous habitez en bord de mer, profitez de cette richesse naturelle pour les mélanger à votre compost ou les enfouir avant décomposition pendant votre labour d'hiver. Vous pouvez aussi les épandre sur le sol en une épaisseur de 3 cm environ en guise de paillage (très apprécié des légumes).

164 Si vous brûlez vos broussailles, récupérez les **cendres**, ainsi que les cendres de bois de votre cheminée.
Les cendres de bois sont très riches en *potasse et phosphore* et constituent donc un amendement par excellence. Elles sont notamment précieuses en terres lourdes qu'elles permettent d'alléger : on compte une bonne pelletée par mètre carré. Attention ! ne faites pas d'apport de fumier en même temps sinon il y aura une forte perte d'ammoniaque (réaction chimique) qui présente un élément nutritif indispensable pour vos plantes.

165 Un *engrais organique* à peu de frais et très riche en *potasse* est la **consoude**.
Coupez plusieurs pieds de consoude d'environ 30 cm avant leur montée en graine, laissez les feuilles se faner sur le sol pendant une journée et ensuite mettez-les au fond d'un seau en les calant avec une pierre, couvrez avec de l'eau et mettez un couvercle (on compte 100 à 150 g de feuilles par litre d'eau).
Au bout d'un mois vous aurez un excellent engrais liquide dont raffolent toutes les plantes avides de potasse : les tomates, les céleris-raves, les aubergines, les poivrons...
S'il vous reste de ce purin, arrosez-en votre tas de compost qui sera à son tour enrichi en potasse.

166 Ne laissez jamais une plate-bande vide au potager (après la récolte de pommes de terre primeur par exemple) qui se couvrira seulement de mauvaises herbes à toute vitesse. Semez un **engrais vert** dès qu'une parcelle reste inoccupée pendant un petit moment. Optez, par exemple, pour le *sarrasin* qui a la réputation de nettoyer les jardins les plus enherbés (il faut compter 50 g pour 100 m^2). Vous n'avez pas besoin de bêcher avant le semis, un simple griffage est suffisant.
Le principe de **la culture d'engrais vert** : la méthode consiste à cultiver des plantes qui produisent rapidement feuilles et racines qui, laissées sur place en hiver, se décomposent et se transforment en humus. Au printemps il faut enfouir cet engrais vert par un travail en surface.

• Voir également l'astuce 143, au chapitre « Désherbage ».

167 Le **seigle** est un excellent engrais vert qui peut se semer assez tardivement (jusqu'au 15 novembre), on compte 1 kg pour 100 m^2.
Le seigle fait merveille dans les *terrains envahis de chiendent* qu'il nettoie parfaitement et, de surcroît, il ameublit les sols lourds.

168 Voici d'**autres plantes** qui constitueront un excellent **engrais vert** :
— *pour les terres lourdes et compactes :*
• le trèfle violet .... 200 g / 100 m^2
• le lupin bleu .... 1 500 g / 100 m^2
— *pour les terres calcaires :*
• la moutarde .... 250 g / 100 m^2
Et, pourquoi pas, un petit tapis fleuri ?
Les **soucis** et les **capucines** peuvent être utilisés dans ce but et comme ils se ressèment généreusement, vous profiterez de leur éclat de couleur encore pendant des années dans des endroits insoupçonnés parfois.

ENTRETIEN DU JARDIN

À cœur vaillant rien d'impossible.

Sans commentaires.

169 Si vous devez travailler au **milieu d'une grande plate-bande** ou d'une parcelle de votre potager, tenez-vous sur des *planches* posées sur la terre. Ainsi vous répartirez mieux votre poids et éviterez de piétiner et de tasser le sol. Cela est surtout indiqué par temps pluvieux qui rend la terre collante et compacte.

170 Pour **bêcher** sous vos arbres fruitiers préférez une *fourche-bêche* à une bêche plate qui risque d'abîmer les racines superficielles de vos arbres. Respectez ce conseil surtout pour les *cerisiers* qui sont particulièrement sensibles à toute perturbation de leur système radiculaire et qui risquent d'attraper des maladies dues aux champignons du sol qui s'infiltrent à la moindre petite blessure.

171 Ne désespérez pas en automne quand les **feuilles** tombent et s'entassent sur votre pelouse.
Au lieu de passer des heures à les ramasser avec un rateau et beaucoup de patience, car le vent prendra un vilain plaisir à les disperser de nouveau aussitôt ramassées, passez donc votre *tondeuse* qui se chargera du ramassage avec peu d'effort. Autre avantage, non négligeable, votre tondeuse broiera les feuilles qui feront ainsi une excellente matière de paillage.

172 Pour ramasser proprement les **débris de taille**, pensez à reconvertir une *vieille bâche,* que vous munissez de quatre poignées, en *« ramasse-débris »* (on en trouve dans des magasins spécialisés mais c'est tellement facile à réaliser que vous pouvez en économiser les frais).
Le travail de nettoyage terminé, il suffit de replier la bâche et de la transporter jusqu'au tas de compost ou au foyer pour brûler les débris.
Cette bâche vous servira aussi quand vous aurez besoin de creuser dans la pelouse : vous poserez la terre enlevée sur la bâche et votre pelouse restera propre.

Vous habitez une région qui est bien enneigée en hiver, vous êtes astreint à la corvée de **déblayage de la neige** sur vos trottoirs. Vous avez probablement recours aux *sels du commerce* qui facilitent cet entretien mais, malheureusement, ces sels sont extrêmement corrosifs et nuisibles aux plantes. **173**
Savez-vous qu'il existe de nouveaux produits à *base d'urée* qui servent d'engrais une fois leur action antiverglas terminée ? Donc, pourquoi ne pas « faire d'une pierre deux coups » ?

Pour déplacer des **pierres très lourdes** ou des troncs d'arbres, il y a deux manières de procéder sans faire trop d'efforts : **174**
— poser l'objet sur trois ou quatre *rouleaux de bois* ou des tubes de fer placés en travers, tirez l'objet à l'aide d'une corde attachée autour et déplacez au fur et à mesure vers l'avant les rouleaux libérés à l'arrière ;
— à l'aide d'un levier, faites rouler votre objet lourd sur une *bâche,* empoignez deux coins de celle-ci et tirez en reculant ; si vous vous y prenez à deux cela sera encore plus facile.

• Voir aussi l'astuce 559, chapitre « Récupération ».

ÉTABLISSEMENT D'UN JARDIN

Qu'il soit classique ou irrégulier, restreint ou immense, le jardin se doit de conserver et d'offrir [...] le sens de l'architecture, des coins de poésie et des moments d'humour [...]

D'habitude, on ne choisit pas son jardin mais plutôt la maison et il faut faire de son mieux avec le terrain attenant. Souvent il existe déjà une certaine végétation, des arbres ou diverses plantations de l'ancien propriétaire et l'on est obligé de créer son propre cadre autour. Néanmoins, il est toujours possible d'établir un petit coin de verdure plein de charme à condition de respecter certaines règles élémentaires de l'art paysager. Il y a des cas plus ou moins difficiles mais des jardins impossibles à aménager, il n'en existe pas.

Celui ou celle qui veut concevoir un jardin doit savoir agir en architecte aussi bien qu'en peintre. Le jardin est un cadre qui met la maison en valeur et le fait considérer comme une grande salle de séjour : les haies représentent les murs, le ciel le plafond et le gazon le plancher. Si vous avez l'impression que la tâche de la conception dépasse vos dons artistiques, n'hésitez pas à faire appel à un paysagiste qui saura vous conseiller, vous dressera un plan et vous aidera à résoudre tous vos petits problèmes. Vous ne le regretterez pas car il vous permettra d'éviter des erreurs graves qui risquent de coûter cher par la suite.

Quel que soit votre choix, respectez au moins cette règle d'or : Ne plantez pas trop et surtout pas de plantes trop difficiles au départ, au risque d'être débordé par le travail d'entretien et de se décourager pour toujours. Le jardin doit être un lieu de plaisir et non d'esclavage.

Quelques conseils pour vous aider à choisir et à concevoir votre jardin.

CHOIX D'UN STYLE

On n'aménage pas un jardin de la même manière en ville, à la campagne, en montagne ou près de la mer.

Choisissez un style de jardin qui présente un mariage heureux entre la maison et son environnement et, surtout, qui correspond à vos besoins et à votre mode de vie. Avant de penser aux plantations, réfléchissez bien, s'il vous faut un jardin qui doit accueillir des enfants ou des personnes âgées, un jardin de famille avec potager et verger ou, simplement, un cadre vert et reposant qui demande le moins d'entretien possible.

175 Un jardin reflète toujours le *tempérament, le caractère de la personne qui l'a créé.* Ne vous obstinez pas à vouloir créer un jardin anglais si vous n'avez rien de romantique ou un jardin à la française si vous avez une préférence pour les formes naturelles, les courbes douces, les plates-bandes somptueuses...
L'important est de vivre en harmonie avec son environnement, c'est la seule manière de s'y épanouir. **Personnalisez votre jardin** selon vos goûts sans vous laisser influencer par les tendances de la mode (eh oui, cela existe même pour le jardin !). Osez sortir un peu du *banal :* les maisons ont déjà tendance à se ressembler... alors ne copiez pas en plus votre jardin sur celui du voisin.

176 Soyez *modeste au début.* Ne rêvez pas tout de suite de rocailles, de bassins d'eau... Vous seriez vite découragé. Si cela est votre premier jardin donnez la préférence aux plantes « bon enfant » qui ne manquent pas de charme et qui vous encouragent au départ car la réussite est garantie. **Travaillez progressivement**, au fur et à mesure de vos possibilités, jusqu'à la réalisation du jardin de vos rêves.

177 Pensez aux **périodes de vacances** : il ne sert à rien de créer un jardin avec un grand potager et une floraison dominante en été si celle-ci se produit pendant vos vacances où le jardin sera à l'abandon et ainsi toutes les récoltes perdues. Établissez le cycle de vie de votre jardin suivant vos périodes de présence ; créez, par exemple, un jardin qui fleurit abondamment au printemps et choisissez des légumes à croissance lente qui se récoltent en automne.

PLAN ET TRACÉ

178 Tracez les **lignes de vos massifs**, chemins, etc., avec un *tuyau d'arrosage* qui est assez souple pour permettre de créer des courbes naturelles.
Par la suite, plantez des *piquets* dans la terre, à l'emplacement prévu pour la plantation de vos arbres ou arbustes. Si, en plus, vous utilisez des piquets qui correspondent à la taille adulte des végétaux vous pourrez facilement juger de l'effet obtenu.
Quant à vos *plates-bandes,* vous pouvez délimiter les emplacements prévus en épandant de la *craie* autour de chaque zone de plantation ; ainsi vous visualiserez mieux l'effet des masses.

179 On n'a pas toujours le mètre sous la main pour **mesurer** les distances de plantation. Voici quelques mesures très simples pour vous dépanner :
— *une enjambée* (à peine forcée) correspond à 1 m environ ;
— *un pas normal* représente environ 65 cm ;
— *les doigts écartés* au maximum entre l'extrémité du pouce et de l'auriculaire correspondent à un peu plus de 20 cm.

180 Dans un **jardin sans profondeur** on peut allonger la perspective en *décalant l'axe de la pelouse* vers un angle.
Vous pouvez encore renforcer cet effet en attirant le regard vers un point d'intérêt (un bel arbre ou une statue par exemple).

181 Si vous voulez **détourner l'attention** d'une vue inesthétique (tas de compost, abri, etc.) vous pouvez accrocher le regard dans une autre direction par un bel arbre, un groupe de végétaux très colorés, une aire de repos...
Mais, attention ! n'attirez jamais le regard en deux endroits différents visibles d'un point d'observation principal (comme la terrasse) : cela dispersera l'attention et ils s'annuleront mutuellement.

182 Au cas où votre maison se trouve sur une **butte** — cas de nombreuses maisons aux sous-sols à moitié enterrés — ne placez pas toutes vos plantations à la périphérie du terrain en laissant la maison toute nue en plein milieu à la manière d'un château fort. Au contraire, *plantez tout autour de la maison* afin de la *« noyer » dans la végétation* et ainsi de l'intégrer mieux dans son environnement ; le résultat sera harmonieux et l'effet « butte artificielle » aura disparu.

Le jardin est une sorte de synthèse entre l'intervention humaine et la nature dont les végétaux sont l'expression essentielle.
Dans un jardin, les végétaux s'adressent au sens et à la sensibilité plastique en faisant naître une émotion que l'homme ressent devant toutes les manifestations de la nature. Les plantes ont l'exclusivité de cette émotion qu'aucun autre matériau ne parvient à provoquer dans les autres créations artistiques humaines. Donc, laissez libre cours à votre sensibilité, exprimez-vous à travers les plantes, sculptez et modelez avec l'infinie richesse du monde végétal. N'hésitez pas à faire des essais, des petites retouches ici et là et créez un immense tableau vivant à votre image.

183 Au moment du choix des arbres et des arbustes que vous aimeriez planter, considérez l'**aspect de la plante pendant toute l'année.** Donnez priorité aux végétaux qui présentent un intérêt multiple : par exemple, des arbustes qui font suivre une jolie floraison au printemps ou en été par un beau feuillage d'automne (cornus kousa, enkianthus, prunus, etc.) ou des fruits décoratifs (amélanchiers, viburnums, rosiers anciens, etc.).

184 Savez-vous **éclairer un jardin sombre** car situé partiellement dans l'ombre ?
Utilisez un maximum de *feuillages clairs* (petits arbres et arbustes à feuillage panaché blanc, crème, doré, argenté) et des végétaux à fleurs blanches, jaunes ou rose pâle, sans oublier certaines graminées que l'on peut trouver dans de jolis tons panachés et qui allègent bien l'ensemble.
Quelques notions de couleurs :
— les couleurs jaune, orange, rouge, sont *stimulantes et attirent le regard.* Elles conviennent particulièrement à une zone d'activité. Quelques petites touches de rouge « réveillent » les associations de couleurs un peu froides ;
— les couleurs bleu, rose, blanc, produisent un effet *reposant* et permettent de créer des scènes d'un grand calme et d'une extrême élégance.
On met à l'arrière d'une composition les couleurs les *plus claires* et à l'avant *les plus fortes.*
Par conséquent, une *tache très vive* au loin *raccourcit la perspective,* ce qui peut être intéressant pour un jardin qui est tout en longueur.

Vous avez un espace restreint ou vous voulez éviter des « trous » dans vos massifs, dus aux plantes bulbeuses défleuries par exemple, réalisez donc une **plantation à trois étages** : c'est-à-dire regroupez au même endroit bulbes, vivaces et arbustes. De cette manière les floraisons se relaient sans interruption si vous avez bien choisi vos plantes. 185

Si vous habitez dans le **creux d'un vallon**, au moment de la création de votre jardin, pensez à vous protéger par un *rideau d'arbustes rustiques* car en hiver le gel va dévaler les pentes et s'accumuler au fond. 186

187 Si vous voulez **cacher une butte** ou un dénivelé, plantez des conifères au premier plan et des arbustes de taille moyenne et petite derrière.
En revanche, pour **accentuer une faible pente** et lui donner visuellement une certaine importance, il faut placer des arbres érigés au sommet et faire épouser la pente par des arbustes et plantes couvre-sol.

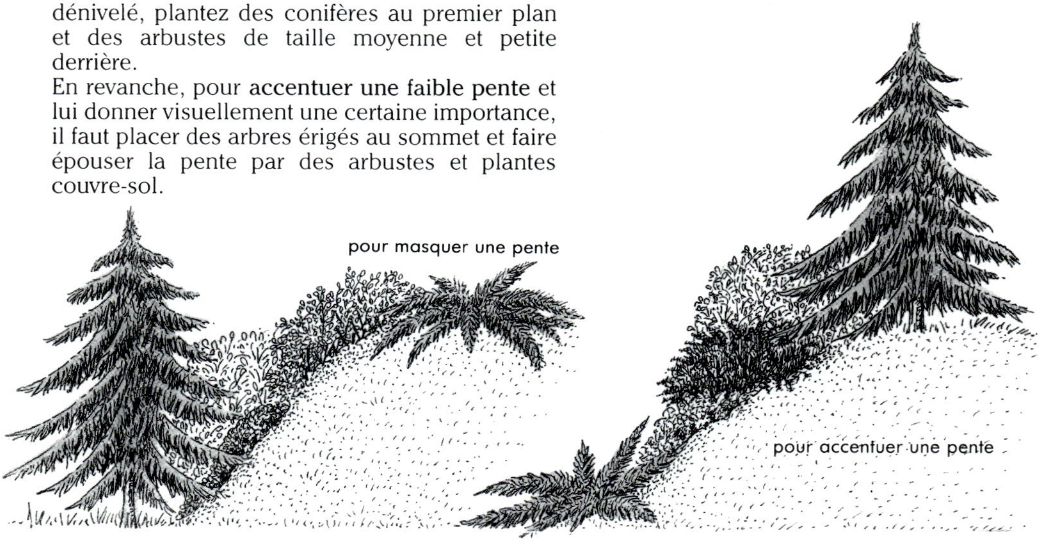

LES JARDINS BEAUX DOUZE MOIS PAR AN

Ne croyez surtout pas que c'est un pari impossible à gagner ! Un jardin beau et plein de charme au fil des quatre saisons (mais oui, même en hiver !) est accessible à tout le monde.
Voici quelques astuces pour mieux y parvenir.

188 Pour avoir des *couleurs* dans votre jardin pendant toute l'année, c'est-à-dire même en hiver, réservez une large place aux **arbustes à feuillage persistant** (comptez un tiers sur l'ensemble de vos plantations). Ces arbustes ne doivent pas être groupés tous au même endroit mais occuper des points clé de votre jardin : un angle dans l'entrée, autour de la terrasse ou du coin repos, pour souligner le tracé des massifs, etc.

189 Dans le même but, pensez aussi aux **conifères** dont on trouve des espèces qui s'adaptent à toutes les situations (n'oubliez pas les variétés naines) et qui conservent leur joli manteau doré, argenté, bleuté, douze mois sur douze.

190 N'oubliez pas non plus les **plantes tapissantes** qui cachent la terre trop nue pendant la mauvaise saison (millepertuis, pervenche, tiarella, stachys, lamiers, bruyères, etc.).

Toujours dans le but de cacher la terre nue qui prend en plus des couleurs grisâtres en hiver, installez des petites **plages de galets** qui attirent l'œil et éclairent les coins sombres. **191**

Ne rabattez pas en automne les **inflorescences desséchées** des hortensias, asters, verges d'or, épis de graminées ou sédums « Autumn Joy ». Elles constitueront en hiver une parure de toute beauté avec leurs jolis tons passés qui va si bien avec la lumière douce et le brouillard. **192**

Un certain nombre de plantes ont le mérite (et le courage) de **fleurir pendant la mauvaise saison.** Citons, par exemple, les héllebores, certaines bruyères *(Erica carnea* et *Erica darleyensis),* des arbustes tels que l'hamamelis, le chimonanthus praecox, le viburnum bodnantense, le jasmin nudiflore et le sarcococca. **193**

Pensez aussi aux nombreux arbres et arbustes qui ont une **écorce** fort décorative qui ne se révèle qu'une fois les feuilles tombées. C'est le cas notamment des bouleaux, prunus serrulata, acer griseum, cornus siberica, rubus cockburianus... **194**

195 Il y a aussi un certain nombre d'arbres et arbustes qui gardent leurs jolis **fruits** pendant quelques mois en hiver — du moins le temps que les oiseaux prennent pour s'en régaler... Je pense aux pyracanthas, cotoneasters, pommiers décoratifs *(Malus Everest, Malus Aldenheimensis),* sorbiers, houx, callicarpa, viburnums...

Réservez une grande place aux **graminées** qui ne demandent pratiquement pas d'entretien et, de surcroît, se transforment en spectacle féerique en hiver quand le soleil fait briller de mille feux les cristaux de neige ou de givre agglutinés sur leurs grêles tiges. 196

LES JARDINS À PETITE SURFACE

L'important pour un petit jardin est de lui donner une unité. Peu importe si vous optez pour un jardin classique ou romantique, si vous avez une préférence pour les couleurs vives ou une palette de couleurs pastel : il sera toujours réussi à condition de ne pas mélanger des tendances différentes.
Voici quelques conseils pour agrandir visuellement les jardins « mouchoirs de poche ».

197 Aérez le jardin en plantant de préférence à la périphérie. **Dégagez le centre du décor** et évitez de morceler le jardin en le divisant en petits enclos séparés.

198 Entourez un petit jardin de plantes qui ont des **tailles** et des **formes différentes.** Évitez à tout prix les haies rectilignes et denses qui arrêtent le regard : il faut laisser la plus grande perspective possible. Essayez de créer plusieurs niveaux de plantations ; plus il y a de dénivellations, plus l'œil se laisse tromper et se croit dans un espace non limité.

199 Adoptez des **arbres au port léger** comme les gleditsia, bouleaux, nothofagus, robiniers, et choisissez des végétaux aux **couleurs douces** : les teintes vives raccourcissent les distances et arrêtent le regard.

200 Préférez aux bordures rectilignes des **lignes courbes** qui feront paraître une aire gazonnée plus grande qu'elle l'est en réalité. Ne faites pas trop d'allées qui restreignent l'espace et s'il y en a, laissez-y déborder librement les plantes tapissantes.

Allégez les arbustes denses en choisissant un **couvre-sol au feuillage clair** et découpé *(Asperula odorata, Waldsteinia ternata, Lamium maculatum « Beacon Silver »,* par exemple) et accordez de la place aux graminées et **vivaces au port léger** et vaporeux (gypsophile, armoise, santoline...). 201

Efforcez-vous de donner l'impression que les plantes s'épanouissent **en toute liberté** : ne taillez surtout pas vos arbres et arbustes au cordeau. Sans contrainte inutile, le jardin paraîtra toujours plus grand qu'il ne l'est. 202

Offrez-vous le plaisir d'une **petite pièce d'eau** : si minuscule soit-elle, elle agrandit toujours visuellement un jardin par l'effet de miroir. 203

Parlons de l'**effet miroir**. 204
Vous pouvez effectivement appliquer judicieusement *des glaces* sur les murs et, pourquoi pas,

installez autour un treillage en trompe-l'œil tel qu'on le faisait autrefois dans les jardins classiques. Noyez le tout dans la verdure et l'effet sera parfait et ne manquera pas d'originalité. Je parie que vos invités seront tentés de pénétrer dans ces passages ou portes mystérieuses...

205 Vous pouvez créer d'autres **fausses perspectives** avec des allées ou des bassins.
Au lieu d'adopter des formes bien rectangulaires, optez pour des *lignes qui rétrécissent légèrement* (par exemple, un chemin qui sera plus large au départ qu'à l'arrivée).

bassin chemin

206 Si vous possédez un jardin de petite surface et ne voulez pas renoncer à la culture de quelques **légumes**, pensez à intégrer certains légumes assez décoratifs dans vos massifs et plates-bandes : les plantes condimentaires (sauge, thym, sarriette, romarin, aneth, etc.) se marient parfaitement avec vos vivaces et peuvent former de jolies bordures, et un chou frisé, une laitue pourpre, un pied de rhubarbe ou d'artichaut ne seront pas déplacés et seront aussi décoratifs que n'importe quelle autre plante.

207 N'oubliez pas non plus que certains **arbres fruitiers** peuvent remplacer avantageusement les espèces ornementales. Donc, même dans un petit jardin, ne vous privez pas du plaisir des cerises ou des belles pommes mais évitez, bien sûr, les arbres de plein vent (haute tige) qui deviendront vite trop encombrants.
Quant aux **petits fruits**, vous pouvez facilement intégrer une touffe de cassis, de groseilliers ou framboisiers dans vos massifs d'arbustes, des mûres géantes sans épines ainsi que les actinidias seront idéals pour les tonnelles gourmandes, pour cacher un grillage ou pour palisser sur un treillage qui sert à masquer une vue.

LES JARDINS SANS ENTRETIEN

Ne rêvons pas : le jardin qui s'entretient tout seul sans y mettre la main, cela n'existe pas... sauf si vous avez envie de faire du farniente dans une forêt vierge.
Il y a un tas d'astuces pour limiter la corvée de l'entretien mais ne cachons pas qu'il faut prévoir un investissement assez important au départ. Car le tout se joue au départ, à la conception, pour pouvoir profiter ensuite au maximum de votre chaise longue...
Voici les points forts d'un jardin demandant peu d'entretien par la suite.

208 Adoptez des **tracés simples** pour vos allées, pelouses, massifs, etc., et *délimitez bien les différentes zones.* Créez des zones de repos et de communication une fois pour toutes en employant au maximum des *dallages, galets, caillebotis, murets,* qui ne demanderont plus d'entretien par la suite.

209 Évitez d'éparpiller vos massifs et de parsemer la pelouse avec un petit arbuste ici, un autre là. Créez des **massifs compacts d'un seul tenant** en utilisant uniquement des **plantes sans souci** qui sont parfaitement *adaptées au climat et au sol* de votre région.
Regroupez les végétaux en grandes taches *suivant leurs affinités,* ainsi vous pourrez accorder les soins nécessaires « en groupe » sans en oublier (groupes selon les besoins d'eau, exposition, sol, apports d'engrais, etc.).

210 Renoncez à la culture d'**arbres fruitiers** ou de n'importe quelle plante ornementale qui réclame des *tailles et des traitements très suivis* pour s'épanouir. Oubliez aussi les plaisirs d'un potager et la culture des **plantes annuelles** qu'il faut semer, repiquer, en un mot bichonner...

211 Plantez assez serré au départ pour créer un effet immédiat et travaillez au maximum avec un bon matériel de **paillage** (écorce broyée) pour empêcher la levée de mauvaises herbes et faciliter la reprise et la croissance des végétaux.

Toujours dans le but de limiter les désherbages, pensez aux **plantes couvre-sol** qui, par leur croissance en tapis dense, étoufferont tous les intrus.

212 Prévoyez l'installation d'un **système d'arrosage automatique** et programmable, ainsi vous éviterez la corvée d'arrosage.

Et choisissez un petit coin bien à l'abri, avec un arbre pour faire la sieste à l'ombre de son feuillage, pendant que vos voisins s'agitent avec bêche, râteau, sécateur, binette...

Remarques, observations personnelles

Remarques, observations personnelles

L'herbe éclate en pâquerettes, les parfums, qu'on croit muets, content les peines secrètes des liserons aux bleuets.

VICTOR HUGO

2

3

4

1

F

Fleurs annuelles

Fleurs vivaces

Fleurs à couper (bouquets)

1 Composition campagnarde : *Lysimachia punctata, Digitales, Artemisia absinthium* au feuillage argenté et les grandes ombelles d'*Heracleum*.

2 *Geranium pratense « Mrs. Kendall Clarke » :* mariez cette jolie vivace sans souci avec vos rosiers blancs ou roses.

3 Toute la générosité des fleurs annuelles : *Zinnias, Véroniques, Lychnis coronaria*

4 Avez-vous deviné quelle fleur se cache derrière ce gros plan? Un simple *Delphinium*. Regardez cette merveille de plus près la prochaine fois.

FLEURS

Tableaux éphémères : fleurs annuelles ou vivaces, bouquets au charme champêtre ou perles de collection ; on les aime pour leur beauté, leur perfection sophistiquée ou leur grâce en toute simplicité. On les aime pour leurs senteurs qui évoquent le soleil, l'été, les vacances dans des pays lointains et pour leur fragilité qui reflète comme un miroir notre propre fragilité envers la vie.

FLEURS ANNUELLES

On n'a rien trouvé de mieux encore pour garnir en quelques semaines un nouveau jardin tout nu, boucher des trous dans les massifs, cacher des vues inesthétiques ou, tout simplement, faire des essais de couleurs. Sans regret, vous pouvez vous permettre toutes sortes de folies : l'investissement est minime et le décor peut changer tous les ans selon vos goûts et vos inspirations.

213 Si vous voulez créer un rideau fleuri à peu de frais, pensez aux **capucines.** Installez des jardinières au pied d'une claustra, d'un treillage ou d'un simple grillage et semez-y vos capucines. En quelques semaines les plantes s'enrouleront joyeusement autour de leur support et vous apporteront une tache de couleur jusqu'aux premières gelées.
Attention ! pensez à les traiter régulièrement contre les pucerons qui sont leurs ennemis jurés.

214 Savez-vous que les graines de **capucines** peuvent être confites au vinaigre et remplacer ainsi les câpres ? Alors, pourquoi ne pas joindre la beauté et la générosité de leurs fleurs à la gourmandise ?

215 Certaines fleurs annuelles ne supportent pas un repiquage parce qu'elles produisent uniquement des *racines pivotantes.* Semez donc les **Eschscholtzias**, Resedas, Clarkias, Nigelles, Cosmos, directement en place et éclaircissez simplement les sujets en surnombre.
Si vous voulez avancer de quelques semaines les semis sur place vous pouvez semer dans des *godets de tourbe pressée :* vous les installerez ainsi ensuite sur place avec leur récipient, ce qui évite de déranger les racines.

216 Au moment de l'éclaircissage de vos petits plants de **fenouil,** ne jetez pas les plants en surnombre mais repiquez-les dans vos massifs : c'est original et très joli car leur floraison est d'une grande beauté et leur feuillage très fin et décoratif ne manque pas d'attrait.

217 Un moyen original pour réaliser des scènes très naturelles (astuce découverte en Angleterre) consiste à suspendre des *bottes de fleurs fanées* qui ont commencé à former des graines (**mufliers, myosotis, marguerites, soucis,** etc.) aux branches des arbres et arbustes sous lesquels vous souhaitez créer un *tapis de fleurs.* Si vous avez pris la précaution d'ameublir la terre à cet endroit par un léger griffage, la germination des graines se produira facilement et une floraison généreuse sera assurée pour la saison suivante.

C'est notamment dans les vergers que vous pouvez ainsi créer des tableaux ravissants et, de surcroît, cela vous permettra sans regret de remplir vos paniers de fleurs pour vos bouquets.

218 Afin d'éviter que vos **pois de senteur** s'écroulent, tuteurez-les avec des branches et brindilles d'arbres et arbustes : c'est économique, très naturel et efficace.

219 Si vous avez un *mur inesthétique* à cacher ou un brise-vue à créer, pensez à semer sur place des graines de **ricin sanguin.** Cette belle plante atteindra rapidement une hauteur de 2 à 3 m pendant l'été si vous surveillez les arrosages et prévoyez une poche de terreau enrichi à la plantation. De surcroît, on prétend que les ricins sont capables d'*éloigner les mouches* par une odeur qui est seulement perceptible par les insectes.

FLEURS VIVACES

Les vivaces sont l'opposé du tempérament changeant des annuelles. Elles demandent un peu plus de patience pour qu'on puisse apprécier leur plein épanouissement avec tout son éclat mais elles présentent une valeur sûre pour le jardin car on a l'assurance et le plaisir de les retrouver tous les ans, toujours plus belles, sans qu'elles demandent des soins intensifs.

Amusez-vous à jouer avec leurs formes et la richesse de leurs couleurs, mettez-les mutuellement en valeur en puisant dans la gamme infinie de leurs nuances subtiles qui permet de créer des scènes charmantes au goût de chacun.

Allez à la découverte de variétés un peu moins connues, le monde des vivaces vous réservera plein de surprises et, qui sait, peut-être ferez-vous partie un jour de ce grand cercle des passionnés qui sont prêts à faire des folies pour dénicher une de ces « beautés rares ».

220 Essayez de créer une **floraison continue** dans votre jardin en choisissant des espèces qui se suivent pendant pratiquement toute l'année. Cela est notamment important dans vos coins privilégiés (terrasse, coin repas, etc.) qui doivent donner une impression très soignée et accrocher le regard.

Voici un exemple d'un petit massif à floraison continue :

— au printemps : iberis, aubrietias, ancolies, dicentras ;
— en été : alchemille mollis, delphinum, gypsophile, salvia superba ;
— en automne : asters, anémone japonica ;
— en hiver : hellebores, bergenias.

221 Certains rosiers et arbustes ont tendance *à se dégarnir de leur base* et nécessitent d'être habillés. Associez-les donc à des **vivaces au port léger** et à une végétation assez basse telle que népéta mussini, géraniums endressi, stachys lanata, gypsophiles...

222 La plupart des plantes vivaces n'occupent pas la première année toute la place qui leur est destinée. Vous pouvez *garnir ces vides* avec des annuelles qui serviront de « **bouche-trou** » en attendant que les vivaces se développent. Les cosmos, tabacs, soucis, eschscholtzias, etc., sont parfaitement adaptés à jouer ce rôle.

223 Si vous avez dans votre massif des **fleurs aux couleurs trop fortes** qui se heurtent ou s'annulent mutuellement, pensez à intégrer des *végétaux de couleur blanche, grise ou argentée :* vivaces à floraison blanche, stachys lanata, armoise, hébé pinguifolia, etc...

224 Si votre **plate-bande est adossée à une haie ou à un mur**, ménagez un *petit passage large de 40 cm* qui vous permettra d'entretenir sans peine la partie arrière de votre massif.

225 Vous rêvez peut-être d'une **île fleurie** au milieu de votre pelouse?

Voici une astuce pour rendre cette scène le plus naturel possible : il faut *décentrer* légèrement les plantes les plus hautes afin de créer un *mouvement irrégulier.* C'est le contraire des plates-bandes adossées qui nécessitent une décroissance régulière pour pouvoir admirer l'ensemble en restant en face.

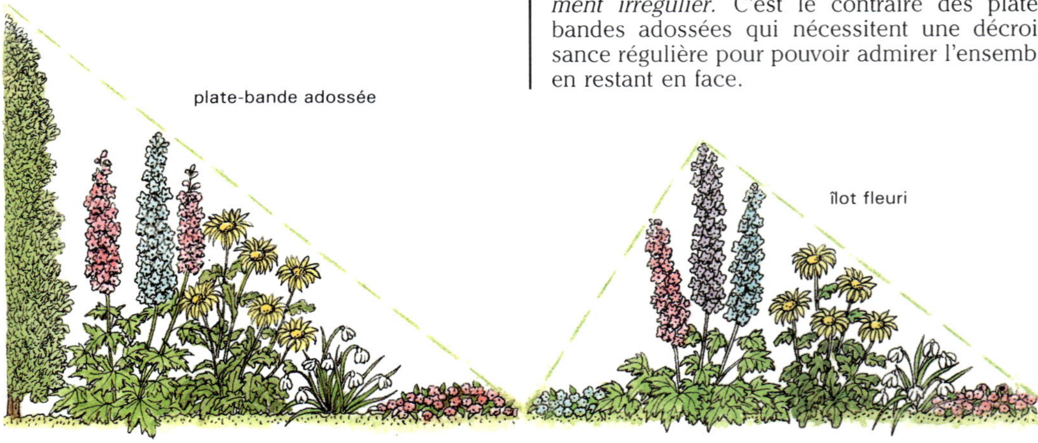

226 Posez de *grandes dalles* à la **bordure** de votre plate-bande de vivaces qui donne sur une pelouse, ainsi les fleurs peuvent s'étaler librement et vous n'aurez plus de problème pour passer la tondeuse. En plus, vous ne vous mouillerez plus les pieds en admirant (ou travaillant) vos fleurs après une période de pluie.

227 Vous n'avez pas pu résister à la tentation et vous avez installé une de ces merveilles un peu **fragiles** ou même **gélives**?
Dans ce cas, ne faites pas leur nettoyage avant l'hiver en les coupant à ras du sol ; limitez leur hauteur simplement à 15 ou 20 cm et *couvrez la souche avec ces tiges coupées* et une bonne *couche de paillis.* Ainsi elles traverseront l'hiver sans problème et les jeunes pousses seront bien à l'abri du froid et du vent glacial.

228 Pour créer une jolie plate-bande sans frais, pensez à récolter les *graines de fleurs* qui se reproduisent facilement telles que les **ancolies,** les **géraniums vivaces,** les verbascums, les roses trémières, les lupins, les pavots, les digitales, etc. (À défaut de ces plantes chez vous au jardin, demandez à votre voisin qui sera sûrement content de se débarrasser de fleurs fanées.)
Conservez les graines dans des boîtes en fer, étiquetez-les et semez-les dans le courant de l'année qui suit la récolte. Évitez, en revanche, de récupérer les *graines des variétés hybrides :* le résultat sera décevant car leur descendance n'est pas identique à la plante mère.

229 Nous l'avons dit, les **ancolies** font partie de ces fleurs qui se ressèment généreusement. Si vous voulez obtenir des touffes d'une grande vigueur et des fleurs d'une taille exceptionnelle, ne laissez pas mûrir toutes les *graines* de vos ancolies. Sélectionnez les plus beaux fruits de chaque touffe (souvent placés sur la tige principale) et éliminez les autres. Ainsi les graines de ces fruits seront mieux nourries, ce qui met toutes les chances de leur côté pour une reproduction saine et forte.

Certaines *fleurs tapissantes* comme les **aubrietias,** les cérastiums, les œillets mignardise, etc., ont tendance à se dégarnir du centre. Vous pouvez l'éviter en étalant sur la plante une pelletée de terre très fine afin que leurs tiges dégingandées s'enracinent et étoffent le centre dénudé. 230

Si vous aimez les **campanules,** vous aimeriez sûrement les voir refleurir dans la même saison. Respectez donc les conseils qui suivent et vous aurez toutes les chances de réussir. 231
Après la floraison, supprimez les fleurs flétries, une à une, tout en conservant les pédoncules. Arrosez ensuite la terre préalablement ameublie et vos campanules se remettront à fleurir quelques semaines plus tard.

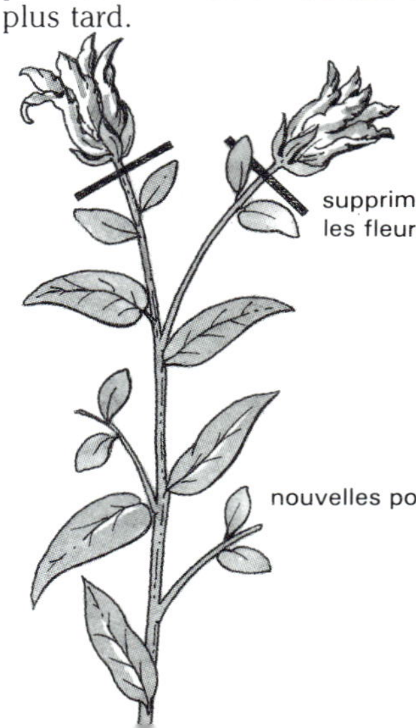

232 Voulez-vous épater vos amis avec des têtes de **chrysanthèmes** immenses, d'une très grande beauté et, en plus, bouclées comme sortant directement des cultures des experts en la matière ?
Voici le petit secret : ensachez les boutons de vos chrysanthèmes, dès que leur couleur se précise, avec des *sacs à fruits.* Fermez le sac à la base, exactement comme si vous procédiez à l'ensachage des fruits. Les fleurs continueront à grandir et à s'épanouir dans cette ambiance tamisée et vous retirerez les sacs seulement quand les chrysanthèmes auront terminé leur développement.

233 Afin d'éviter que des plantes comme les delphinums, les rudbeckias, les asters, etc., se développent à très grande hauteur et résistent ainsi mal aux bourrasques de vent, vous pouvez *« pincer » les jeunes tiges* des plantes (c'est-à-dire supprimer leur extrémité) avant leur allongement. De cette manière vous provoquerez la formation d'un grand nombre de bourgeons qui donneront ensuite une plante d'aspect plus compact.
Une petite astuce complémentaire pour donner à vos vivaces un *joli port arrondi :* pincez uniquement les tiges qui se trouvent sur le pourtour de la touffe. En plus, vous gagnerez ainsi une floraison échelonnée car le centre de la touffe avec les tiges « non pincées » fleurira avant les fleurs du pourtour.

234 Vous êtes un passionné de l'edelweiss *(Leontopodium)* mais habitez la plaine et obtenez donc seulement des fleurs de couleur gris-verdâtre, voici un petit truc pour réussir ces merveilleuses « étoiles d'argent » : arrosez-les toutes les semaines avec de l'eau dans laquelle vous avez préalablement dilué *une cuillerée de craie pilée.* Ainsi vous aurez des fleurs de la même blancheur que celles qui viennent des hautes montagnes.

235 Donnez-vous la peine de supprimer rapidement les fleurs fanées de vos giroflées jaunes *(Cheiranthus cheiri).* Ainsi ces plantes se transformeront en véritables petits arbustes qui *refleuriront chaque année,* surtout si vous leur apportez un peu d'engrais de temps en temps pour les encourager.
Le même procédé convient aux *mufliers* qui refleuriront ainsi pendant des années jusqu'à ce qu'un hiver trop froid et humide mette fin à leurs jours.

236 Pour limiter la végétation de vos **millepertuis** ou toute autre plante à tendance envahissante, enfoncez des fragments de *dalles d'ardoise,* ou éventuellement des petites bordures plastifiées (bordures de gazon), sur le pourtour de la surface qui leur est assignée et elles resteront sagement dans cet espace restreint.

237 Savez-vous comment provoquer la floraison du **muguet** afin de pouvoir cueillir ces fleurs pour le 1er mai, même si la nature refuse de jouer ce rôle et décale habituellement la floraison à un mois plus tard ?
Au début mars, *arrosez* copieusement l'endroit qui contient les rhizomes en faisant pénétrer l'eau dans des trous réalisés avec une fourche. Ensuite *posez une cloche* ou un petit châssis vitré qui fera réveiller votre muguet grâce au réchauffement de l'air. Quelques semaines plus tard, freinez un peu la rapidité de la croissance en aérant un peu tous les jours. Si malgré tous ces efforts les tiges florales tardent à se montrer, arrosez plusieurs fois avec de l'*eau tiède* et couvrez le vitrage avec des sacs, des journaux, etc., pour empêcher le refroidissement nocturne.

238 Si vous voulez préserver les couleurs de vos **œillets mignardise** évitez de planter des variétés différentes trop près l'une de l'autre. Les œillets, comme un certain nombre d'autres plantes, s'hybrident facilement tout seul et bientôt vous aurez un mélange de toutes les couleurs.
La même chose est valable pour les **primevères** qui retrouveront rapidement leur couleur jaune naturelle si vous ne faites pas attention.

239 Vous avez des **pivoines** qui sont plantées depuis plus de deux ans et elles *refusent obstinément de fleurir* ?
Plusieurs facteurs peuvent en être la cause :
— vos pivoines sont installées sur un *terrain sec* : transplantez-les car les pivoines aiment les sols frais mais bien drainés ;
— vos plantes sont *trop enterrées* : à la plantation les yeux des griffes ne doivent pas être enterrés de plus de 5 ou 6 cm, de manière à ce que les racines tubéreuses affleurent le sol par la suite ;
— vos pivoines sont en situation *trop ombragée* : elles supportent un léger ombrage mais ont absolument besoin de soleil pour fleurir ;
— vos plantes *proviennent de semis* : dans ce cas, il faut prendre son mal en patience car ces pivoines ont besoin de 5 à 8 ans pour fleurir.

FLEURS
À COUPER (BOUQUETS)

Avec les fleurs coupées vous apporterez le jardin dans la maison en embaumant chaque pièce, prolongeant ainsi la sensation de fraîcheur, l'ambiance du jardin. La beauté des fleurs coupées tient essentiellement à la façon dont on les dispose dans les vases. Adoptez un style qui correspond à leurs formes, arrangez-les en harmonie avec leur aspect naturel et vos bouquets seront toujours réussis.
Avant de couper vos fleurs, pensez toujours à l'endroit où vous allez placer votre bouquet afin de marier couleurs et structures, et créer ainsi un ensemble parfait.
Dans les pages suivantes vous trouverez quelques astuces pour réussir à coup sûr tous vos arrangements floraux.

240 Quel jardinier n'a pas eu de regrets quand il s'agissait de **couper des fleurs** dans les plates-bandes ?
Semez donc quelques *fleurs annuelles* dans un petit coin de votre potager ou entre vos arbres fruitiers, ou plantez même un ou deux pieds de *rosiers,* quelques *dahlias et glaïeuls* qui vous fourniront des brassées de fleurs pour vos compositions florales à la maison. De surcroît, les fleurs attireront les abeilles en assurant ainsi une meilleure pollinisation des fleurs de vos légumes et arbres fruitiers.

241 Des études récentes ont pu démontrer que le meilleur moment pour **cueillir des fleurs** se situe en *fin d'après-midi,* et non pas le matin. En effet, à ce moment-là les fleurs sont gorgées de sucre et d'amidon synthétisé grâce à la lumière du jour et les stomates par lesquels elles transpirent se sont refermés.
Donc profitez de cette découverte et patientez jusqu'au soir pour la cueillette.

242 En dehors du moment de la cueillette, il y a aussi le **stade d'avancement** de vos fleurs pour bouquets qui importe.
Retenez bien ces indications pour prolonger la vie de vos bouquets.
On coupe les fleurs suivantes au stade :
— *de bouton fermé :* l'iris, le lis, le forsythia, le glaïeul ;
— *à peine ouvert :* l'œillet ;
— *de bouton coloré :* la tulipe ;
— *de bouton entrouvert :* les freesias, les pivoines, les prunus ;
— *de fleur épanouie :* les anémones, le muguet, les pois de senteur, les orchidées, et toutes les composées (dahlia, reine-marguerite, chrysanthème, etc.).

243 Voyons un peu les « trucs » assez répandus pour **prolonger la vie de vos fleurs coupées** : aspirine, sucre, eau de Javel...
L'aspirine et l'eau de Javel risquent de provoquer le contraire de l'effet désiré car ils sont trop difficiles à doser correctement ; *le sucre* est à proscrire absolument car employé tel quel, il peut être nocif.

Faites plutôt confiance aux *conservateurs du commerce* qui sont parfaitement équilibrés et efficaces ou essayez une astuce qui vient de nos amis anglais et qui a fait ses preuves : mettez une petite **branche de thuya** dans l'eau avec vos fleurs (ne me demandez pas une explication scientifique mais en tout cas ça marche).

244 Dans les **vases** à col très ouvert, où les fleurs ont donc du mal à tenir à la place voulue, pensez à remplir le fond du vase avec des *gravillons* ou, à défaut, avec des *billes d'enfants.* Plantez les tiges de vos fleurs dans ce fond et elles resteront dans la position que vous souhaitez.
Dans le même but, vous trouverez des *blocs de mousse* dans le commerce. Il suffit de les découper selon vos besoins, les laisser se gorger d'eau et plus rien n'arrêtera vos arrangements floraux les plus fantaisistes car cette mousse s'adapte à toutes les formes et à tous les caprices. Vous pouvez également caler les fleurs à longues tiges avec du *papier alu froissé.*

245 Vous avez envie de faire une jolie composition avec des primevères, anémones, violettes et autres charmantes petites fleurs à **tiges très fines ou molles,** mais même le bloc de mousse n'arrive pas à les faire tenir ! Il ne reste plus qu'à former un joli bouquet bien rond avec des feuilles autour et de *ficeler* le tout avec un lien, sans trop serrer. Installez ensuite un *pique-fleur* au fond d'un petit vase joufflu à col grand ouvert et piquez-y votre bouquet ficelé... Tenue parfaite assurée !

246 Si vous voulez assurer une floraison de longue durée à vos gros chrysanthèmes coupés, vous pouvez essayer de « coller » les ligules avec de *la cire* (c'est une vieille astuce de fleuristes). À cet effet, retournez votre chrysanthème, la tige vers le haut, et laissez s'écouler doucement entre les pétales la cire d'une bougie allumée. Dès que la cire a durci, replacer les fleurs dans leur position normale.

247 Il y a des plantes qui laissent écouler un latex dès qu'on les coupe ou les blesse (les euphorbes et les pavots, par exemple). *Cautérisez leur plaie* à la flamme ou à l'eau bouillante pour assurer leur conservation. En effet, le latex coagulé s'opposerait à la montée du liquide et vos fleurs mourraient de soif tout en étant plongées dans l'eau.

248 Vous voulez faire avancer le printemps de quelques semaines et profiter des branches de forsythia, cognassier, prunus, etc., en fleurs chez vous à la maison ?
Rien n'est plus simple : plongez les branches coupées dans un seau rempli *d'eau chaude* (mais pas brûlante !) et recouvrez le tout de *plastique transparent.* En quelques jours vous verrez les premiers boutons éclore, il ne restera qu'à leur trouver un joli vase et une place près d'une fenêtre.

249 Si vous aimez cueillir les plumets de l'herbe des Pampas *(Gynerium)* ou les épis de roseaux *(Typha latifolia)* pour la confection de vos bouquets secs, récoltez-les avant leur maturité et vaporisez-y un fin nuage de *laque pour cheveux.* Ainsi vous éviterez que des millions de graines ne s'envolent dans votre intérieur une fois qu'ils seront bien secs.
La même méthode est valable pour mieux conserver les *branchages d'automne* couverts de jolies baies décoratives.

250 Savez-vous comment **dépoussiérer un bouquet sec** sans abîmer les tiges et fleurs fragiles et cassantes ?
Ayez recours à un *sèche-cheveux* qui fera s'envoler toute la poussière avec un bon souffle d'air. Et si votre composition a vraiment trop terni et perdu tout son éclat, faites-la revivre une dernière fois en la recouvrant de *peinture dorée* ou argentée à la bombe. Une idée originale pour décorer une table ou buffet de fête.

251 Vous aimez les iris et vous désespérez car ils sont très éphémères dans vos compositions florales ?
Coupez donc quelques *« Iris de Sibérie »,* cette merveilleuse plante de berges et terrains humides, et vous allez constater avec joie qu'ils tiennent très bien comme fleur coupée et mettront vos bouquets en valeur.

252 **S**avez-vous comment font les fleuristes pour obtenir cet aspect transparent et nacré de la « Monnaie du Pape » qui permet de faire de magnifiques bouquets secs pour l'hiver?
Dès que vos plantes sont parfaitement sèches, *détachez les parois extérieures* des siliques en les frottant entre le pouce et l'index; ainsi la cloison interne sera dégagée et montrera toute sa splendeur nacrée.

Avez-vous déjà remarqué que, chaque fois que vous faites un magnifique bouquet printanier avec un mélange de **narcisses**, branches dè forsythia, prunus, etc., l'ensemble fane très rapidement? Ce phénomène est uniquement dû à la *sève* de vos narcisses qui intoxique littéralement toutes les autres fleurs coupées. 253
Si vous ne voulez pas renoncer à vos mélanges charmants, prenez au moins la précaution d'installer vos narcisses dans un petit récipient que vous poserez ensuite dans un grand vase avec le restant de votre composition. Ainsi la durée de vie de votre bouquet sera considérablement prolongée.

Pour prolonger la vie des roses et des lilas qui servent à décorer votre intérieur, *grattez l'écorce* de la tige qui trempera dans l'eau de votre vase. En évitant de les exposer au soleil et à condition de changer l'eau régulièrement, vous pourrez conserver ces fleurs un peu délicates jusqu'à deux semaines. 254
Un petit conseil supplémentaire: beaucoup de branches d'arbustes tiennent mieux en vase si l'on plonge le bas de leurs tiges fendues pendant quelques intants dans *l'eau chaude.*

Remarques, observations personnelles

Brouillard ouvrant la matinée, annonce une belle journée.

Proverbe français

2

3

4

1

H

HAIES

1 Même en hiver l'hortensia grimpant ne manque pas de charme à condition de lui laisser ses ombelles desséchées.

Bon choix pour une haie défensive :

2 *Berberis thunbergii « Atropurpureum ».*

et

3 *Ilex aquifolium « Madame Briot »*

4 Une excellente plante grimpante trop souvent oubliée et trop peu proposée : *Hydrangea petiolaris* (Hortensia grimpant). Elle a pourtant toutes les qualités : parfaitement rustique, acceptant même une exposition plein nord, grand développement, croissance rapide, s'accroche seule à son support à la manière du lierre, et fleurit généreusement en juin.

Qu'elles soient basses, limitant la propriété mais pas le regard, ou murs de verdure impénétrable, qu'elles présentent de simples filtres à courant d'air et lumière servant de refuge aux oiseaux, ou qu'elles jouent le rôle de haies défensives ou haies brise-vent, il y en a pour tous les goûts, toutes les situations, tous les problèmes particuliers.
En France, on a un peu trop tendance à remplacer le mur en béton par un mur étanche en conifères. Si vous êtes en situation de devoir créer une haie, pensez un peu à des options plus originales, à des clôtures d'un aspect plus décoratif.
Entourez-vous de haies libres qui se fondent dans la végétation environnante et respirent le naturel.
Ne créez pas de haies qui tranchent, mais, au contraire, qui lient et assouplissent la rigidité des clôtures et des constructions.

255 Si vous faites partie des jardiniers un peu paresseux ou simplement disposant de peu de temps, optez pour une **haie libre** de berberis, forsythias, lilas, spirées, pyracanthas... Ce genre de haie ne nécessite *pas de tailles régulières,* pousse sans problème et, surtout, est fort décorative avec sa *floraison échelonnée.* Mélangez des essences qui créeront des hauteurs et épaisseurs différentes en utilisant pour moitié des variétés caduques et des variétés persistantes.
Pour limiter encore un peu plus l'entretien, installez vos jeunes plantes sur *film plastique noir* (comme pour les fraisiers). Incisez simplement à l'endroit de la plantation et si vous voulez améliorer le côté esthétique, jetez quelques pelletées de terre ou d'écorce broyée sur la feuille noire. Vous économiserez ainsi en arrosage, en entretien et vos plantes pousseront à une vitesse surprenante.

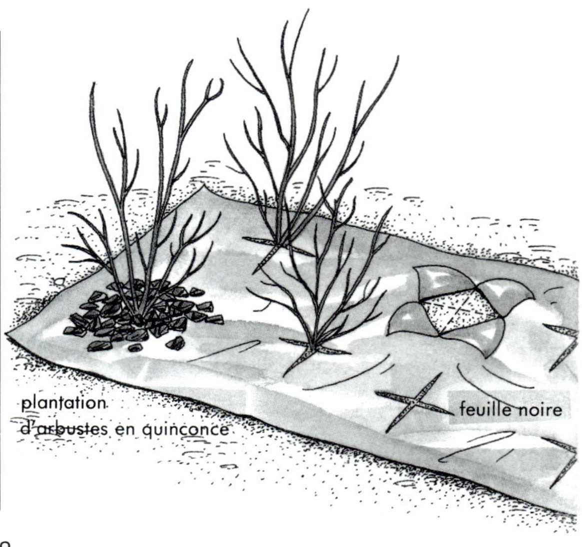

256 Vous disposez d'un **espace assez réduit** au jardin, ne le réduisez pas plus en plantant une haie dense à la limite de votre terrain. Installez plutôt des *arbustes à port souple* et des *plantes grimpantes* qui couvriront joliment et efficacement vos grillages ou murets de séparation sans occuper beaucoup de place.
Quelques plantes qui s'adaptent bien à ce genre d'utilisation : chèvrefeuille, lierre, clématites, rosiers grimpants, ainsi que des arbustes qui ont des branches souples permettant un palissage : cognassier, forsythia, pyracantha, céanothe, cotoneaster...

257 On a parfois besoin ou simplement envie de séparer le **coin potager** du reste du jardin par une petite haie. Une solution simple, rapide et peu coûteuse : semez des soleils annuels, du maïs décoratif ou n'importe quelle autre *annuelle à développement important.* Elles formeront un écran aussi joli qu'efficace et, de plus, vous aurez tout ce qu'il faut pour faire des bouquets somptueux.

258 Savez-vous comment créer une **haie brise-vent de bambous** à peu de frais ?
Procurez-vous des *éclats de touffes de bambou* (votre voisin sera sûrement content de vous en offrir car il faut diviser les touffes régulièrement pour ne pas être envahi par cette plante vigoureuse), couchez la canne avec sa souche dans la tranchée de plantation et recouvrez-la de la terre enlevée. Chaque nœud de la canne de bambou émettra ainsi une pousse et en 2 ou 3 ans vous aurez une magnifique haie qui atteindra à son tour 2 ou 3 m de hauteur.
Avis aux amateurs : ce genre de haie est à réserver pour les régions à climat clément.

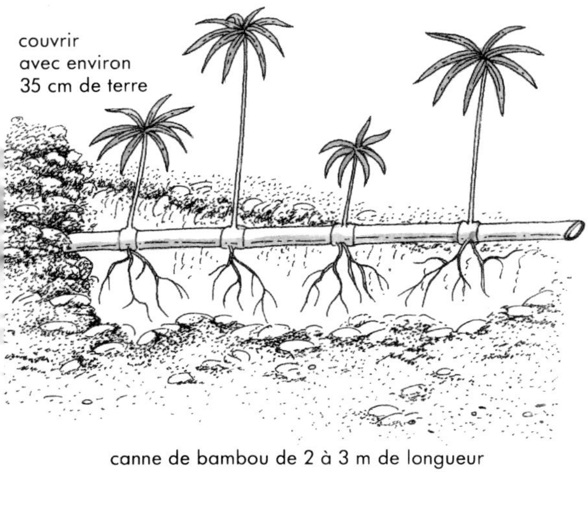

canne de bambou de 2 à 3 m de longueur

259 Pour se constituer une haie en temps record et sans trop de frais coupez des **branches de saule** de 1,50 m de longueur environ que vous enfoncerez dans le sol tous les 20 cm. Ces « bâtons » s'enracineront sans problème et formeront vite un joli rideau, à condition qu'ils soient installés dans un terrain frais et profond.
Pour renforcer la protection contre le vent, procédez à une plantation en *double rang en quinconce* à une distance de 50 cm du premier rang : les haies plantées en double rang présentent toujours une protection plus efficace.

260 Votre **haie** a peut-être quelque peu **souffert** ces derniers hivers, les branches de conifères ont roussi par endroit et ainsi déséquilibré l'ensemble. Avez-vous pensé à ces merveilleuses *plantes grimpantes* qui savent si bien jouer le rôle de « bouche-trou » ou « cache-misère ».
Les cobées, les capucines ou les volubilis se développeront en un temps record, et pour un décor permanent pensez aux chèvrefeuilles, clématites ou si le climat le permet, au *Tropaeolum speciosum* (capucine vivace) qui décore avec beaucoup de charme et vigueur de nombreuses haies d'ifs en Angleterre et en Irlande.
Prévoyez de les installer dans une *poche de bon terreau* pour leur assurer un bon départ car, généralement, la terre est épuisée et envahie par les racines de vos conifères à cet endroit-là.
Pensez à procéder de la même manière pour vos *jeunes haies qui ne sont pas encore assez étoffées* et donc régulièrement envahies par les mauvaises herbes. En semant quelques graines de capucines, ou de n'importe quelle autre plante annuelle, entre leurs pieds vous garnirez rapidement l'espace vide tout en apportant une touche de couleur à ce rideau de verdure.

261 Une petite astuce pour contourner l'interdiction assez courante dans les **lotissements** de créer un *verger ou potager :* intégrez donc quelques pieds de groseilliers, cassis, framboisiers, etc., dans votre haie d'arbustes avec en bordure des fraisiers et quelques touffes de plantes condimentaires. C'est bon, c'est joli et parfaitement dans le respect du cahier des charges.

262 Une autre idée originale qui peut intéresser les propriétaires de petits jardins qui, généralement, n'ont pas la possibilité ou la place nécessaire pour la création d'un verger.
Je vous propose de faire une **haie défensive** à base de *groseilliers à maquereau.* Outre l'aspect défensif très efficace (les piquants de ces arbustes décourageront très vite tous les intrus, y compris chiens et chats), les fruits au goût subtil feront le régal de toute la famille. Vous pouvez toujours égayer votre haie par quelques touffes de fleurs qui apporteront un peu de couleur et allégeront l'ensemble.

263 Si vous avez l'intention d'installer une **plate-bande fleurie adossée à une haie**, prenez la précaution de poser une *feuille de plastique épaisse* à environ 50 cm des troncs, sinon les racines de vos arbres et arbustes prélèveront toute l'eau et toute la nourriture de vos fleurs.

264 Pour une **taille parfaitement régulière**, et bien droite, faites comme nos amis jardiniers anglais : fabriquez-vous un *gabarit en bois* qui vous rendra service d'une année sur l'autre.
Vous taillerez simplement tout ce qui dépasse et déplacerez le gabarit au fur et à mesure que vous avancerez.
Au cas où vous avez des haies de hauteurs différentes, il suffit de prévoir un système de réglage des jambes du gabarit et vous l'adapterez selon vos besoins.

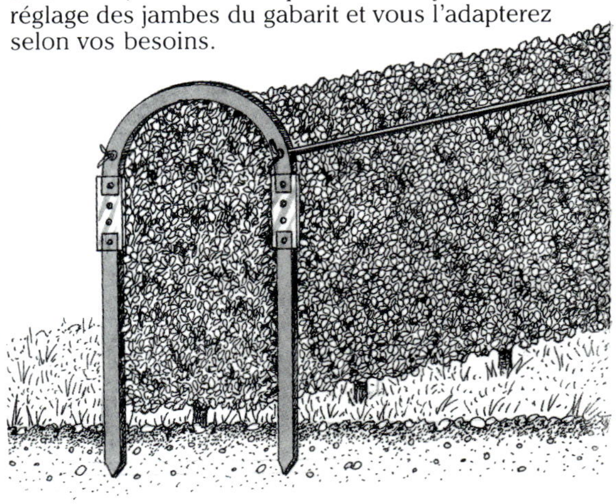

Remarques, observations personnelles

La fantaisie est un perpétuel printemps.
FRIEDRICH VON SCHILLER

J

Jardinières et plantes en pot

1 et 2 Quelques potées de tulipes et narcisses posées près de la porte d'entrée assurent un accueil chaleureux.

3 Camellia japonica «Adolphe Audusson» : bonne rusticité, permettant la culture en grands bacs sur entrées ou terrasses situées au nord.

4 Lilium regale (lis royal) se prête bien à la culture en pot et permet d'embaumer les coins privilégiés de la terrasse.

JARDINIÈRES
ET PLANTES EN POT

Une nouvelle habitation et un jardin tout nu ? Une journée de travail, quelques jardinières et jolis pots, du terreau et un assortiment de petites plantes suffisent pour le transformer, le fleurir et créer un petit paysage. Installez les pots et bacs au bord de vos fenêtres, à l'entrée, dans un angle de votre terrasse, et votre « salon vert » sera « meublé » et chaleureux.
Pour profiter au maximum de ces petits coins privilégiés, essayez et adoptez quelques petits trucs.

265 Afin de créer un **effet de masse**, posez plutôt deux ou trois *jardinières l'une à côté de l'autre* au lieu d'opter pour un très grand modèle qui sera difficile à déplacer par la suite car trop lourd.
Si vous désirez créer une *composition à plusieurs niveaux,* il suffit de retourner un pot vide et d'installer l'autre par-dessus. Posé au fond de votre arrangement, personne ne s'en apercevra.

266 Si vous aimez changer régulièrement le décor de votre terrasse, mettez vos grands bacs sur une **planche munie de roulettes.** Ainsi vous déplacerez vos sujets sans fatigue au gré de votre fantaisie et de vos humeurs.
Vous pouvez aussi glisser une planche sous vos grands bacs, que vous soulèverez à deux lorsque vous désirerez déplacer votre plante (peut-être simplement pour la mettre à l'abri pendant l'hiver).

Pour éviter que l'**eau d'arrosage** ne coule **267**
le long du mur sous vos fenêtres et n'y laisse de vilaines traces, posez votre jardinière sur *des cales* afin de la mettre de niveau. Sous votre jardinière, prévoyez un plateau et ainsi le surplus d'eau sera recueilli sans problème.

Au moment de la préparation de vos **268**
jardinières, pensez à poser un **feutre jardin** ou du molleton sur votre couche de drainage (environ 4 cm de gravier ou de polystyrène réduit en morceaux). Ainsi la terre sera retenue sans se mélanger avec le matériau de drainage et l'eau passera facilement.

Une manière simple et efficace pour **269**
accrocher les **pots en suspension** : introduisez un *tirefond* dans le pot avant le remplissage avec le mélange terreux.

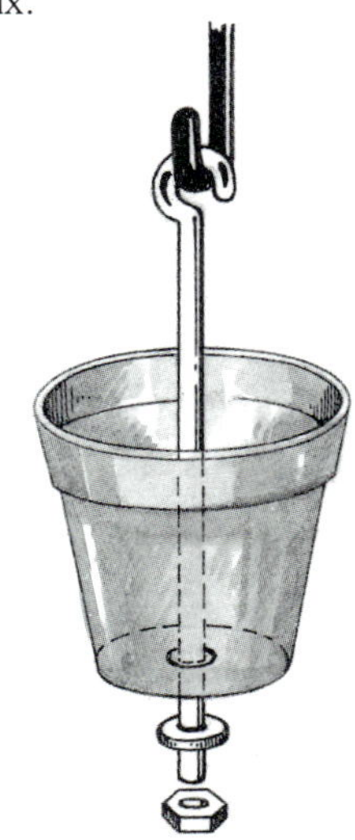

270 Peut-être avez-vous déjà constaté des **dépôts blanchâtres** à la surface de vos pots. Ne vous inquiétez pas, il s'agit simplement d'un *excès de sels minéraux* qui remontent à la surface et qui ne présentent aucun danger pour votre plante. Pour éliminer ce dépôt, il suffit de gratter avec une petite cuillère ou une fourchette.
Si vous prenez la précaution de recouvrir la surface de vos pots avec de l'argile expansée, de l'écorce broyée ou tout simplement avec une petite couche de mousse ramassée dans les bois lors d'une promenade, vous aurez un ensemble toujours impeccable. De plus, ce genre de *paillage* gardera une fraîcheur bienfaisante au pied de vos plantes.

271 Afin de varier un peu la plantation permanente de vos grandes jardinières, vous pouvez installer des **plantes semi-rustiques** comme des agapanthes, les anthémis, etc. Cultivez ces plantes en pot que vous enterrerez dans la jardinière. Avant l'hiver, retirez votre plante pour la mettre à l'abri. Si vous plantez juste à côté de votre « saisonnière » *une plante couvre-sol* (hélianthème, aubrietia, thym, etc.), celle-ci masquera le vide laissé par l'enlèvement du pot.

272 Si une ou plusieurs plantes ont disparu accidentellement et qu'il reste une **place dénudée** dans votre bac, posez-y quelques *grands galets ou jolies roches* pour créer un petit paysage et boucher ainsi le trou.
Cela est aussi valable pour vos compositions si vous utilisez des fleurs annuelles qui ne seront pas immédiatement remplacées après la fin de leur floraison.

273 Peut-être avez-vous la chance de posséder une de ces belles et **grandes poteries**, parfois même anciennes, mais vous hésitez à y installer vos plantes en se disant que le gel hivernal aura vite abîmé vos petites merveilles.
Voici une idée toute simple pour pouvoir intégrer votre poterie dans le décor de la terrasse sans lui faire courir de danger.
Tapissez le fond de votre poterie avec une bonne couche de *mousse* ou, à défaut, de tourbe. Posez par-dessus votre *plante en pot* (les agapanthes se prêtent à merveille à ce genre de décor) et calez-la bien avec de la mousse ou de la tourbe tout autour. Outre la protection de votre poterie, la mousse apportera de la fraîcheur à votre plante qui vous en sera reconnaissante par une splendide floraison.
À l'approche de l'hiver vous pourrez facilement retirer votre plante et rentrer votre poterie à l'abri si elle craint le gel.

274 Une petite astuce pour avoir une **jardinière constamment fleurie** de février à fin avril : plantez vos bulbes en *couches superposées* dans des bacs ou jardinières très profondes. Rien ne vous empêche de rajouter une petite plante tapissante : les bulbes la traverseront sans problème.

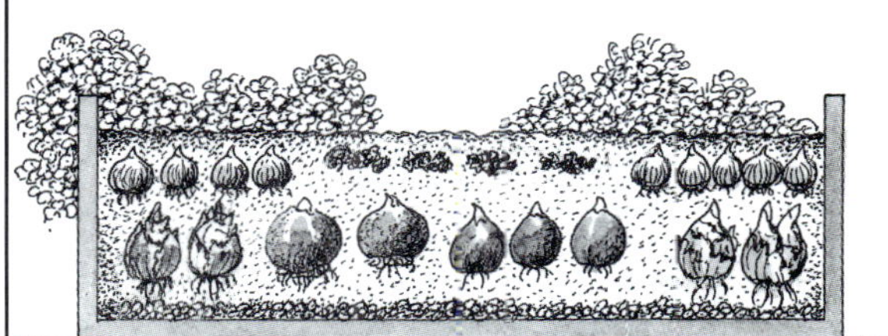

275 Si vous avez des jolis bacs ou même des **tonneaux en bois**, n'oubliez pas de les poser sur des *taquets de bois* pour éviter les remontées d'eau par le sol. Ceci est aussi valable pour vos *meubles de jardin en bois* qui commencent souvent à se dégrader par les pieds. Donc, dans la mesure du possible et surtout quand vous ne les utilisez pas, protégez-les pour allonger leur vie.

276 Pour créer un **paysage avec des hauteurs différentes** sur un minimum de place, vous pouvez utiliser des *buses en béton* de dimensions et hauteurs variées. Ce genre de décoration s'intègre parfaitement dans les maisons d'architecture contemporaine et permet des réalisations fort originales.

277 Vous possédez peut-être des jarres, jardinières, vasques, etc., en **amiante-ciment** et la couleur de ce matériau ne vous plaît pas. Amusez-vous donc à les *peindre* d'une couleur qui s'intègre bien dans le reste de votre décor. Évitez cependant des couleurs trop fortes qui se marient difficilement avec les plantes que vous installerez dans les pots.
La *peinture acrylique étant nocive* aux plantes, il faut peindre quelques jours avant la plantation.

278 Si vous avez besoin de créer une séparation ou un brise-vue sur votre balcon ou sur votre terrasse, optez pour des **plantes grimpantes** que vous faites courir sur un *treillage*. Vous installerez les panneaux du treillage directement dans la terre de vos grands bacs. Faites-les tenir en place au moyen de piquets que vous calez au fond avec des pierres ou des galets. (Le poids du feuillage bien développé ou le vent risque de déstabiliser votre treillage s'il n'a pas d'appui.)

En un tour de main, vous aurez ainsi changé votre décor et ces charmantes volubiles n'attendent que de couvrir rapidement toute la surface disponible.

279 Faites de jolies **jardinières à peu de frais** en habillant des *buses de ciment* avec des *rondins de bois* ou des jardinières ordinaires en PVC avec des *demi-troncs d'arbre.*

280 Vous avez envie de créer une **colonne fleurie** pour accentuer le relief d'un coin de votre terrasse : enroulez du *simple grillage* à la largeur et hauteur désirée et posez autour des pots qui contiennent des plantes grimpantes : votre colonne sera rapidement habillée et joliment fleurie.
Attention cependant aux expositions trop ventées : assurez la stabilité de votre colonne en remplissant l'intérieur avec de gros cailloux, des pierres... !

281 Pour se faire une très jolie jardinière assez originale et à peu de frais, essayez de récupérer un *vieil évier de porcelaine* que vous allez transformer en **auge « en pierre »**.
Procédez ainsi : nettoyez l'évier et enduisez-le d'adhésif, puis étalez à sec le mélange suivant : 1 part de ciment, 2 parts de sable, 1 part de tourbe. Appliquez à la main (avec des gants) une couche de 15 mm d'épaisseur et pour simuler la texture de la pierre, passez sur la surface une brosse à poils durs avant de laisser sécher. Laissez en l'état pendant plusieurs semaines, puis lavez à grande eau et faites vos plantations. Les petites *plantes de rocaille* y feront merveille et accentueront encore le naturel de la « pierre artificielle ».

282 Les **bacs à réserve d'eau** sont bien pratiques pour tous ceux qui ne peuvent pas s'occuper régulièrement de leurs plantes. Mais encore faut-il savoir les utiliser à bon escient ! Une règle essentielle de ce genre de culture est qu'il faut impérativement *laisser s'écouler un certain temps entre deux remplissages de la réserve* (au moins une semaine) et toujours attendre qu'elle soit complètement vide avant de la remplir à nouveau, sinon les racines s'asphyxieront inévitablement.
Autre précaution à prendre : utilisez un *mélange terreux très léger* qui laisse circuler l'air (ajoutez au terreau du commerce, qui se tasse trop rapidement, quelques poignées de tourbe ou de la vermiculite).

283 Faites attention à vos **plantes en conteneurs de plastique noir** que vous venez d'acquérir mais n'avez pas trouvé le temps de planter immédiatement. Surveillez les *arrosages* (ces plantes demandent beaucoup plus d'arrosages que les plantes déjà bien installées au jardin) et surtout ne les laissez pas en attente en plein soleil : celui-ci *risque de chauffer considérablement les racines* sous le plastique noir et même de provoquer des brûlures graves.
Installez-les donc provisoirement dans un *lit de tourbe* préalablement mouillée, dans un petit coin de votre jardin où vous ne risquez pas de les oublier, ou, à défaut, emmaillotez vos pots avec une bonne couche de vieux journaux qui réduisent un peu les effets du soleil sur le plastique.

284 Avez-vous déjà pensé à utiliser les plantes en pot pour faire des **essais de couleur** dans vos massifs avant de les installer définitivement ? Ainsi vous aurez quelques mois pour juger de l'effet obtenu et un pot se déplace plus facilement qu'une plante solidement ancrée dans le sol.
Seule précaution à prendre : n'oubliez pas d'arroser régulièrement votre « cobaye », une plante en pot manquera plus vite d'eau que vos plantes en pleine terre !

Remarques, observations personnelles

Remarques, observations personnelles

La plus belle chose que nous puissions éprouver, c'est le mystère des choses.

ALBERT EINSTEIN

2

3

4

1

M

Maladies des plantes

Matériel de jardinage et son entretien

Multiplication des plantes :

- boutures
- division
- greffes
- marcottage
- semis

1 et 2 *Malus « Everest » :* un petit arbre sans problème et exempt de maladies, présentant beaucoup de charme pendant toute l'année avec une floraison généreuse au printemps et l'éclat de couleurs automnales ainsi que ses petits fruits qui persistent pendant une grande partie de l'hiver.

3 Détail de la fleur de *Mimulus luteus* qui se multiplie toute seule en formant de larges tapis à condition de lui réserver son emplacement favori : le bord de l'eau.

4 *Papaver orientale :* vivace généreuse qui se multiplie facilement par semis ou division de racines.

MALADIES DES PLANTES

Mieux vaut prévenir que guérir.

285 Vos *framboisiers* souffrent de l'**anthracnose**, vous êtes peut-être las de les traiter régulièrement avec des bouillies de soufre.
Essayez donc de faire comme certains producteurs de petits fruits qui épandent au mois de mai une poignée de *soufre-fleur* sur la terre après un binage. Ainsi plus besoin de traiter car les vapeurs dégagées par le soufre luttent contre la maladie et ceci pendant toute la saison.

286 Un conseil venant de nos amis anglais pour lutter de manière biologique contre la **hernie du chou** qui est provoquée par un champignon parasite dans les sols acides et mal drainés (un chaulage régulier évite généralement ce genre d'accident). Faites tomber quelques morceaux de *tige de rhubarbe* dans chaque trou de repiquage et l'*acide oxalique* contenu dans la rhubarbe stoppera le développement du champignon parasite. Néanmoins, il faut recommencer à chaque repiquage car cela ne représente qu'une défense à court terme.
Pour encore plus d'efficacité, vous pouvez faire bouillir 700 grammes de feuilles de rhubarbe dans 5 litres d'eau et vous verserez ce liquide dans les trous de plantation. Si vous effectuez un tel arrosage chaque semaine pendant un mois les *racines* de vos choux seront imprégnées de l'acide protecteur.

- Voir aussi l'astuce 459, chapitre « Potager ».

Voici une vieille « recette » de jardiniers à la campagne pour protéger les *courgettes et concombres* contre l'**oïdium** ainsi que les *tomates* contre le **mildiou** : les *pulvérisations de prêle.* 287
Faites bouillir dans 3 litres d'eau trois grosses poignées de prêle que vous trouvez facilement dans les lieux humides à tendance acide. Filtrez cette décoction et pulvérisez-la sur vos légumes à deux reprises (à huit jours d'intervalle). Une manière de traitement biologique et efficace.

Si vos arbres fruitiers sont atteints par la **tavelure** (la « maladie des taches » sur les feuilles et les fruits), il ne suffit pas de lutter uniquement avec des traitements chimiques. Cette maladie *hiverne dans les feuilles mortes* pour se propager ensuite un peu partout au verger. Donc, il est absolument impératif de ramasser les feuilles mortes pour les *brûler* ensuite. Surtout n'utilisez pas ces feuilles pour votre compost sous peine de le contaminer à son tour. 288

LE MATÉRIEL DE JARDINAGE ET SON ENTRETIEN

Certes, les bons outils représentent un investissement considérable, mais quel gain de temps et d'effort !
Ne vous laissez pas prendre par la nostalgie du « bon vieux temps » en récupérant les outils rouillés de votre grand-père. Bêches, râteaux, binettes, etc., bien équilibrés, de dimensions et de poids adaptés à l'utilisateur, sont nettement mieux que les lourds outils d'autrefois :
— sur une brouette à deux roues les charges sont mieux réparties que sur une vieille brouette en bois à une roue ;
— les cisailles à haie électriques ou à batteries sont d'un maniement plus aisé et plus rapide que les lourdes cisailles à main ;
— les sécateurs à long manche mettent les branches à la portée du jardinier sans qu'il faille recourir à une échelle...

289 Si vous faites partie des jardiniers toujours pressés qui ne trouvent pas le **temps d'entretenir leurs outils**, cette astuce vous est destinée.
Remplissez une grande caisse avec du *sable* et arrosez-le très copieusement avec de l'*huile de vidange.* Après l'utilisation d'un outil, piquez-le avec la partie métallique dans le sable de votre caisse : le sable servira d'abrasif pour enlever les traces de terre et l'huile de vidange protégera le métal.

290 Pour que les **manches en bois** de vos outils ne vous laissent pas d'échardes dans la main, *poncez le bois* au papier de verre et enduisez-le ensuite à l'huile de paraffine.

291 Si vous n'avez pas d'huile de vidange à votre portée pour **graisser les outils,** vous pouvez avoir recours à une *couenne de lard* qui vous rendra les mêmes services.

292 Vous êtes un de ces jardiniers qui a toujours la tête dans les nuages et passe son temps à **chercher les outils égarés** au jardin ?
Peignez donc les manches de vos outils avec une *couleur voyante* (jaune, orange ou rouge).

293 Si vous possédez un **ramasse-feuilles** à brosses rotatives, pensez à poser une *grande bâche* ou un sac en toile dans le panier. Ainsi vous pourrez vider le panier sans perdre une feuille simplement en enlevant la bâche avec son contenu.

Vous avez du mal à poser un **raccord rapide en plastique** sur votre tuyau en vinyle parce que celui-ci est trop raide ? **294**
Faites donc tremper auparavant dans l'*eau chaude* les extrémités de tuyau à assembler : la chaleur assouplira le vinyle et les embouts pénétreront sans problème.

Quand on installe un nouveau jardin, on a généralement besoin d'un certain nombre de **tuteurs** car beaucoup de jeunes plantes apprécient un soutien, du moins les premières années. **295**
Pensez aux *tubes métalliques* des ferrailleurs : ils sont parfaitement adaptés à cet usage et sont peu onéreux par rapport aux tuteurs en bois. De plus, le métal ne fixe pas les champignons comme le bois, ne pourrit pas et reste très discret, à condition d'appliquer une couche de peinture vert foncé ou brune (ce qui évite aussi la rouille).

Parlons aussi un peu des **étiquettes** : les unes se cassent trop facilement, les autres sont trop voyantes et, pour conclure, toutes les écritures passent sous le soleil ou la pluie. **296**
Essayez donc les étiquettes *en bois* de couleur neutre, marquez-les avec un stylo-bille ou un feutre indélébile et plongez-les ensuite dans un *bain de paraffine.* La paraffine pénétrera dans le bois et protégera les étiquettes formant une couche parfaitement imperméable.

MULTIPLICATION DES PLANTES

Que l'homme explore l'infiniment grand ou sonde l'infiniment petit, il s'aperçoit qu'il ne fait qu'effleurer un champ de connaissances qui s'étend bien au-delà des possibilités de son esprit investigateur.

LANZA DEL VASTO

BOUTURES

297 Vous n'avez pas besoin d'une **serre** coûteuse pour faire prendre vos boutures un peu délicates. Prenez un *sac plastique transparent,* mettez au fond une couche de compost ou un mélange de tourbe et de sable, humectez bien et plantez-y vos boutures préparées que vous vaporisez légèrement. Ensuite, soufflez dans le sac pour le gonfler et fermez vite avec un petit lien plastique.
Dans le même but, vous pouvez aussi récupérer les *emballages en plastique transparent* (genre emballage pour pâtisserie, charcuteries, etc.) que vous transformerez facilement en mini-serre.

298 Pour réussir à coup sûr vos **boutures de rosiers**, installez-les dans un pot en terre en les *serrant le long de la paroi.* Ensuite, installez ce pot dans un autre de taille nettement supérieure que vous remplissez avec de la tourbe afin de maintenir une certaine hygrométrie et de protéger les racines du soleil aussi bien que du gel.
Mieux encore, enterrez le tout dans un petit coin abrité de votre potager où vous ne risquez pas d'oublier vos petits protégés.

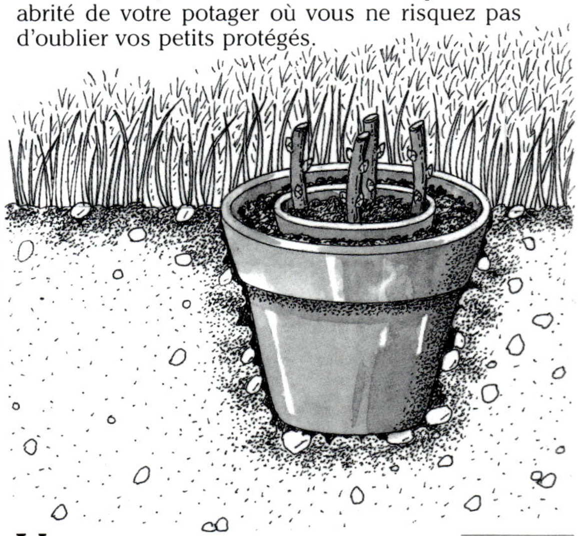

299 Voici le secret pour multiplier facilement vos **chrysanthèmes** : récupérez les *tiges après le flétrissement des fleurs,* supprimez les feuilles en conservant leurs pétioles et couchez-les sur de la terre bien meuble en châssis ou en serre froide. Couvrez légèrement avec un mélange de terreau et de sable et ne vous en préoccupez plus jusqu'au printemps suivant. Vous allez alors constater que chaque œil a produit un bourgeon parfaitement raciné que vous pourrez mettre en pot quelques semaines plus tard.
La même technique peut être employée pour la multiplication de vos fuchsias, de vos lantanas ou de vos héliotropes.

300 Rien de plus facile que de réussir les **boutures** de certaines plantes (laurier-rose, misère, impatiens, coléus, etc.) **dans l'eau.** Encore faut-il prendre quelques précautions pour mettre toutes les chances de votre côté :

— ajoutez à l'eau un *petit morceau de charbon de bois* pour éviter son croupissement et, pour encourager votre future plante, une pincée d'*hormones de bouturage ;*

— évitez que votre bouture ne touche le fond du verre. Dans ce but piquez-la dans du *papier alu* ou un morceau de carton ;

— transplantez votre bouture dans un bon mélange terreux dès qu'elle a émis des *racines d'environ 5 mm de longueur.* N'attendez pas plus longtemps car les racines trop bien développées dans l'eau auront ensuite beaucoup de mal à s'adapter à un changement de milieu et ces débuts prometteurs risquent de se terminer par un échec.

301 Afin d'éviter les échecs avec vos **boutures de géranium** il faut *enlever les stipules* (petites écailles) situées à la base des feuilles. Sans cette précaution vos boutures risquent d'être sujettes à la pourriture.

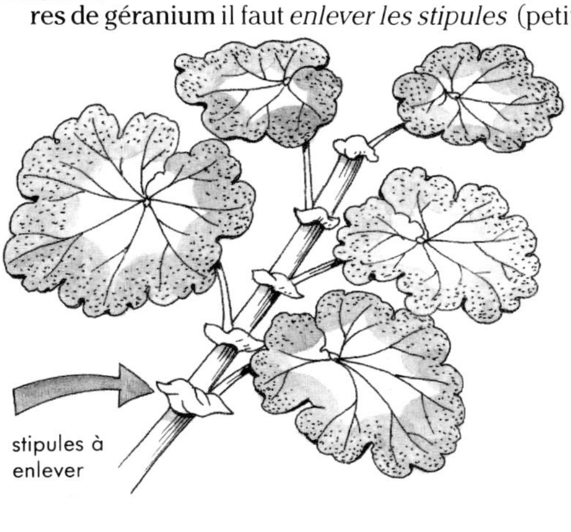

Nous avons déjà parlé des **hormones de bouturage** (*cf.* astuce 300). Ce moyen très efficace pour encourager la plante à émettre des racines conduit toutefois souvent à un échec car le produit a été mal utilisé. **302**

Prenez garde à *n'enduire que la coupe de la bouture* et surtout pas la base de vos boutures sur 1 à 2 cm. Les jeunes racines risquent de pourrir au contact du produit. Donc, avant de repiquer vos boutures dans leur mélange terreux, faites toujours tomber l'excédent de poudre en tapotant légèrement la tige sur le bord d'un récipient.

Autre précaution à prendre : ouvrez préalablement vos trous de plantation à l'aide d'un petit bâton afin d'éviter d'enlever la poudre d'hormones en enfonçant vos boutures.

Voici une astuce pour assurer à vos boutures la **survie pendant les longs voyages en voiture.** **303**

Installez un *bloc de mousse* parfaitement mouillé dans une *bouteille en plastique* après en avoir coupé le goulot.

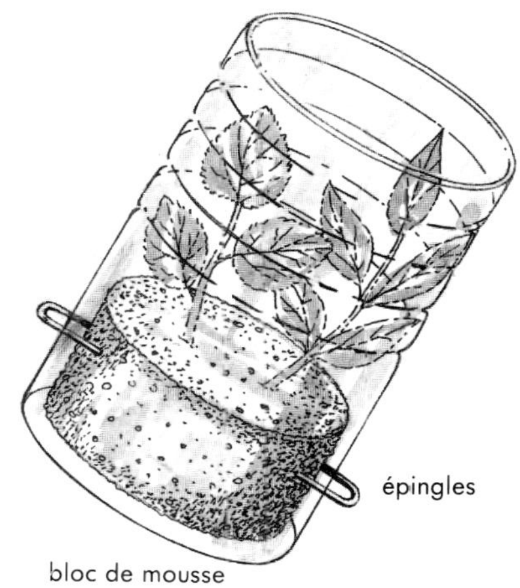

Maintenez ce bloc de mousse avec des épingles à cheveux que vous avez piquées à travers la bouteille et installez-y vos boutures. Ainsi, même si elles sont renversées accidentellement, elles ne subiront aucun dommage.

Dans le cas où il ferait très **chaud au moment du bouturage**, prenez la précaution de poser vos boutures dans un *récipient rempli d'eau fraîche.* Vous éviterez ainsi le risque de dessèchement pendant que vous préparez tranquillement et soigneusement leur petit coin privilégié. **304**

DIVISION

305 Le moyen le plus efficace pour **diviser une grosse motte** très dense de plantes vivaces, fougères, etc., consiste à placer *deux fourches-bêches dos à dos* au centre de la motte préalablement déterrée. Ensuite, essayez de faire jouer comme un levier les deux fourches-bêches en les écartant l'une de l'autre. De cette manière, vous pourrez séparer la motte sans abîmer les racines et éclats ; le tout se démêlera sans avoir recours au couteau.

GREFFES

306 Si vous pratiquez les **greffes en écussons,** la reprise est seulement assurée si vous opérez avec des végétaux fraîchement coupés. Donc, si vous ne pouvez pas prélever vos écussons au fur et à mesure, gardez-les dans un *verre d'eau* en attendant.

307 Protégez vos **greffes en fentes** *contre les oiseaux,* qui ont tendance à les utiliser en *perchoir* en décollant ainsi les greffons, avec un rameau souple qui permet de former une boucle par-dessus les greffes. Vous l'attacherez avec un petit fil de raphia. Ainsi, les oiseaux auront un perchoir à leur disposition et vos greffons seront protégés.

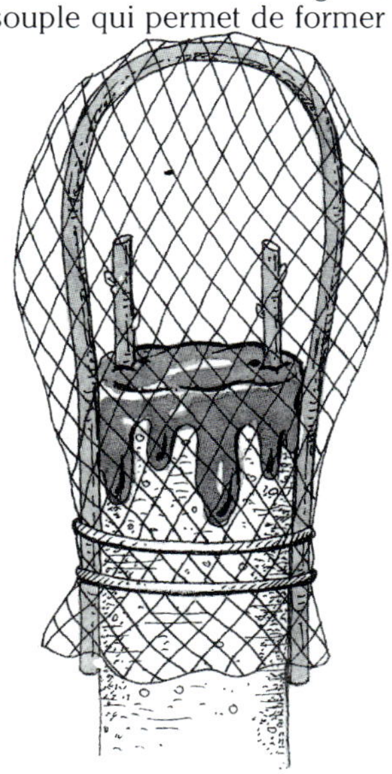

En protection supplémentaire, vous pouvez encore coiffer le tout d'un *petit filet,* ainsi les jeunes bourgeons seront définitivement à l'abri de la gourmandise des oiseaux.
Et si vous habitez une région très ventée, remplissez votre petite armature de *mousse humide :* ainsi le vent ne risquera pas de dessécher les jeunes rameaux.

Un autre petit conseil pour vos greffes : **308**
pour **ligaturer la greffe** faites comme beaucoup de vieux jardiniers et préférez la *laine naturelle* au raphia.
Si pour une raison ou une autre vous oubliez votre jeune arbre greffé, le raphia risque de l'étrangler quand il reprendra sa croissance avec vigueur. La laine, au contraire, finira par se décomposer et votre « oubli » n'aura pas de conséquences fâcheuses. En plus, la laine s'imbibera des rosées nocturnes et gardera ainsi vos écussons bien au frais.

Pour réussir le **greffage de vos rosiers** **309**
(qui se pratique de juillet jusqu'en septembre) prenez la précaution de *butter les églantiers* qui servent de porte-greffe. Ainsi l'écorce sera tendre et lisse et se détachera plus facilement pour la pose de vos écussons.

310 Une variété d'arbre fruitier vous a intéressé pendant votre séjour en vacances et vous aimeriez bien la greffer chez vous?
Mais comment **faire voyager sans dommage les greffons** pendant la saison chaude?
Piquez donc vos greffes ainsi que vos boutures dans un de ces *légumes juteux* qu'on trouve en abondance en plein été : courgettes, concombres, tomates, etc., à défaut, une pomme de terre ou, éventuellement, la mousse synthétique du fleuriste préalablement trempée dans l'eau. Vos greffons et boutures pourront y puiser toute la fraîcheur nécessaire pour leur survie.
Quant aux *« boutures molles »*, vous pouvez les envelopper d'une couche de mousse ou de tourbe bien humide et les enrouler dans du papier journal de manière qu'elles sortent juste leurs têtes.

MARCOTTAGE

311 Connaissez-vous le moyen le plus simple pour multiplier vos **bruyères**?
Vous n'avez qu'à imiter la nature : dégagez une ou plusieurs branches basses de la touffe pour les *coucher sur un mélange de terre de bruyère* et recouvrez-en la tige. Il faut maintenir la tige dans sa position couchée à l'aide d'un *petit crochet en fil de fer* ou, éventuellement, d'une pierre. Ensuite, laissez faire la nature : au plus tard 12 mois après, votre nouvelle plante aura fait suffisamment de racines pour que vous puissiez la séparer du pied mère et la transplanter avec sa petite motte de terre.
Ce même procédé est valable pour beaucoup d'arbustes à tiges sarmenteuses et faciles à abaisser : polygonum, mûrier sans épines, glycine, rosier ancien à tiges sarmenteuses, rhododendrons, etc. Pour faciliter l'émission de racines, vous pouvez couper une *lamelle d'écorce* sur la face de la branche couchée vers la terre. Cela est notamment important pour les variétés à bois dur (rhododendrons, par exemple).

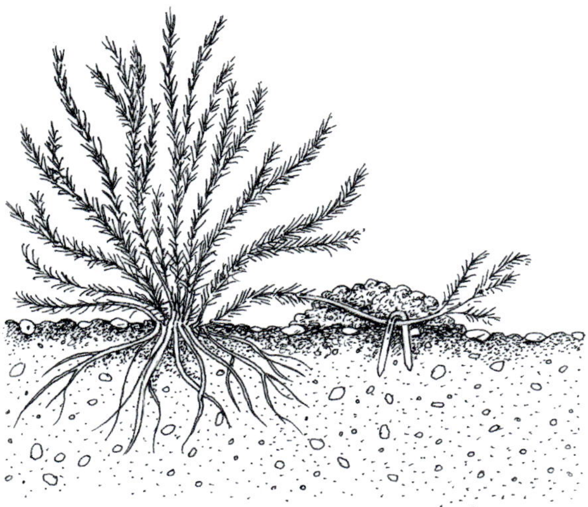

312 Voici un autre moyen pour multiplier vos **bruyères**.
Arrachez une touffe de vos vieilles plantes et enterrez-la dans un mélange terreux riche en sable. Ne laissez dépasser que le haut des tiges qui finiront par émettre des racines sur leur partie enterrée. Au bout d'un an vous pouvez déterrer votre touffe et couper chaque tige bien fournie en racines : vous aurez autant de jeunes plants que de tiges.

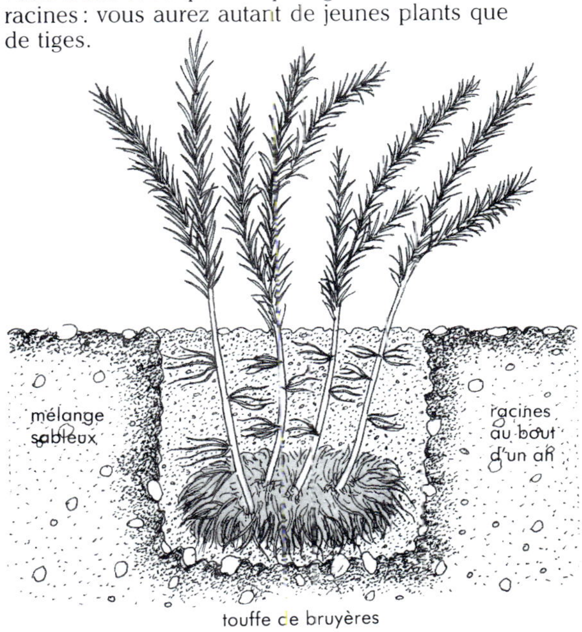

313 **R**ien n'est plus facile que de multiplier les **fraisiers.**
En effet, cette plante a généralement une tendance naturelle à émettre des stolons. Donc, il suffit d'enterrer un petit pot rempli de bonne terre à proximité du pied mère, *dirigez le stolon* vers le pot et maintenez-le en place à l'aide d'un petit crochet. Quand votre plante est bien enracinée, il ne reste qu'à la séparer du pied mère et déterrer le pot ; ainsi vous la transplanterez sans la faire souffrir.

SEMIS

Avant d'entrer dans le vif du sujet avec de nombreux conseils et astuces, un petit poème pour le plaisir, le sourire et, peut-être, pour vous faire réfléchir.

Parfois un enfant trouve une petite graine,
Et tout d'abord, charmé de ses vives couleurs,
Pour la planter il prend un pot de porcelaine
Orné de dragons bleus et de bizarres fleurs.

Il s'en va. La racine en couleuvre s'allonge,
Sort de terre, fleurit et devient arbrisseau ;
Chaque jour, plus avant, son pied chevelu plonge,
Tant qu'il fasse éclater le ventre du vaisseau.

L'enfant revient ; surpris, il voit la plante grasse
Sur les débris du pot brandir ses verts poignards ;
Il la veut arracher, mais la tige est tenace,
Il s'obstine, et ses doigts s'ensanglantent aux dards.

Ainsi germa l'amour dans mon âme surprise ;
Je croyais ne semer qu'une fleur de printemps :
C'est un grand aloès dont la racine brise
Le pot de porcelaine aux dessins éclatants.

Théophile Gautier

314 **P**our **tracer des sillons** parfaitement droits sans avoir recours au cordeau pensez à utiliser le *manche d'un rateau* que vous pressez sur le sol préalablement ameubli.

Quand vous faites vos **semis en ligne,** écartez vos rayons juste de la *largeur de la binette* plus quelques centimètres. Cela facilitera l'entretien par la suite. 315

Qui sème dru, récolte menu... N'oubliez pas ce vieux dicton qui a fait ses preuves. Pour vos semis un peu délicats aux **graines fines,** pensez à utiliser une *salière* ou un *sucrier* pour les épandre ou *mélangez-les avec du sable :* ainsi les graines seront mieux réparties. 316

Afin d'aider les graines et, par la suite, les jeunes plantes à mieux se **défendre contre insectes et maladies,** mélangez les graines avec une *poudre antiparasitaire* avant le semis. Mettez les graines et le produit dans un sac ou une boîte et agitez bien l'ensemble. 317

318 Pour les **semis à la volée**, donnez deux passages de râteau, croisés de manière à enterrer les graines uniformément. Ensuite, *plombez* votre semis *en roulant une bouteille* ou, à défaut, avec le dos de votre rateau.

319   Avis à tous les jardiniers débutants : procurez-vous « **Super-pouss** », un **bac présemé**, et vous serez sûr de réussir vos premières cultures. On ne peut faire plus simple : vous arrosez votre culture en bac, vous placez le couvercle et vous attendez quelques jours que les feuilles sortent. Il suffit de retirer le couvercle à ce moment-là et de repiquer vos jeunes plants. C'est facile, pas cher et ça peut rapporter... un joli massif fleuri.

320  Après chaque semis, vous marquez sûrement l'emplacement avec le **sachet vide de graines** utilisées qui porte toujours un certain nombre de renseignements utiles. La prochaine fois pensez à protéger votre sachet contre les intempéries en le coiffant d'un *petit sac plastique* transparent, solidement fixé par-dessous avec un lien plastifié. Ainsi vos sachets ne s'abîmeront plus et les informations resteront lisibles.

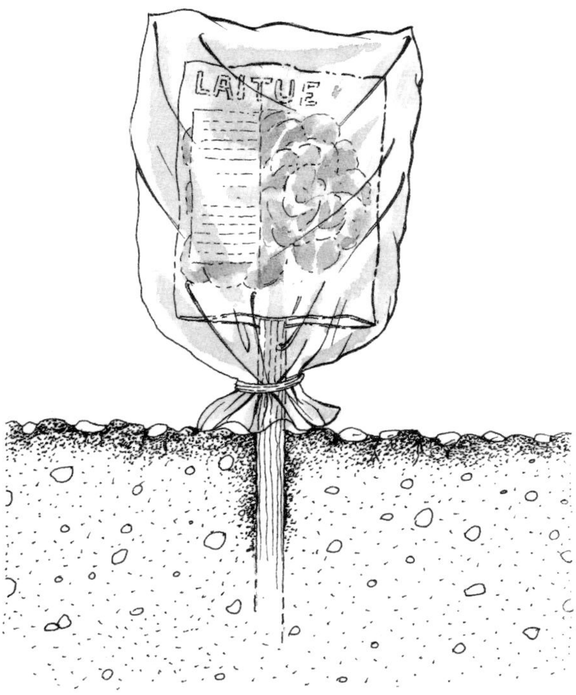

321 Afin d'avoir des conditions idéales à une **levée rapide** de vos semis au printemps, laissez toujours la *terre se réchauffer* pendant plusieurs jours avant de mettre vos graines en terre.

322 N'effectuez **pas de semis dans une terre qui vient d'être labourée** : pour beaucoup de plantes, elle sera trop creuse (insuffisamment tassée) et en trop faible activité biologique ce qui présente un facteur important de la fertilité, donc de la réussite de vos cultures.

323 Pour faciliter la levée de vos **semis en caissettes** prenez la précaution de les *préchauffer.* La température idéale se situe autour de 21 °C. Afin d'obtenir cette température, vous pouvez placer vos caissettes remplies avec le mélange terreux sur un *radiateur* ou, éventuellement, dans un four tiède. Vérifiez la température à l'aide d'un thermomètre avant de semer.

324 Certaines l'aiment carrément chaud, tels les **cobées,** ces magnifiques plantes grimpantes dont la réputation est d'être un peu capricieuses. Et pourtant, il suffit de semer deux ou trois graines par pot, début ou mi-février, dans un mélange léger et bien drainé puis de placer le tout sur un *radiateur,* près d'une fenêtre. Cette chaleur du fond activera la végétation et vous installerez votre plante volubile au jardin dès que la terre sera suffisamment réchauffée (fin mai).

325 N'oubliez pas de saupoudrer la surface de vos caissettes de semis avec une *poignée de charbon de bois* grossièrement écrasé : c'est le meilleur moyen pour lutter contre la **fonte du semis,** ce champignon qui amenuise les petites tiges de vos jeunes plantes au point de les coucher sur le sol et d'anéantir tous vos efforts.

326 Que faire pour empêcher que les **graines** qui restent de la saison passée ne prennent l'humidité pendant le **stockage** en hiver ?
Voici deux trucs pour vous aider :
— vous pouvez déposer un petit *morceau de plâtre* dans votre boîte ou sachet de graines ; le plâtre absorbera l'humidité ;
— conservez les *tubes de cachets d'aspirine vides :* ces tubes contiennent dans leur couvercle des sels qui enlèvent l'humidité, donc c'est le récipient idéal pour la conservation de vos graines.

327 Une astuce pour mesurer le **degré de germination des semences** que vous avez conservées de la saison passée.
Prélevez par sachet environ dix graines que vous étalez sur un buvard humide ou de la tourbe trempée dans une assiette plate. Gardez au chaud et observez : si au bout d'une semaine sept graines sur dix n'ont pas levé, il est inutile d'utiliser ce sachet.

328 Vous avez récolté vos propres graines pour la saison prochaine, elles sont bien sèches mais certaines refusent de se libérer de leur enveloppe ?
Enfermez donc le tout dans un petit sac et *battez-le énergiquement* avec une baguette assez souple. Aucune enveloppe ne résistera à ce genre de traitement. Ensuite, pour bien **nettoyer les graines** de toutes les impuretés, étalez votre récolte sur une feuille de papier et *soufflez* très légèrement : toutes les impuretés s'envoleront comme par magie et il ne restera que des graines parfaitement propres que vous allez conserver dans des boîtes hermétiques à l'abri du soleil et de la chaleur.
Dernier conseil : n'oubliez pas de les étiquetter sinon vous risquez d'avoir des surprises !

329 Connaissez-vous les **films de forçage ?**
Ce sont des films de plastique perforé que vous pouvez poser directement sur vos semis et, comme par miracle, la feuille « grandira » avec vos jeunes plantes en les protégeant du vent et des dernières petites gelées blanches. Ainsi protégés, vos semis prendront facilement *une avance de quinze jours* sur ceux de vos voisins : c'est le moyen idéal pour hâter les semis de laitues, épinards et choux.
Pour faire tenir votre film de forçage il suffit de ramener un peu de terre sur tout le pourtour du plastique déployé.

330 Si vous voulez réussir vos semis et repiquages en plein été, prévoyez une **ombrière** pour vos jeunes plantes sinon le soleil brûlant risque d'anéantir vos efforts.
Dans ce but, tendez un filet d'ombrage (genre filet « brise-vent ») sur quatre piquets en bois. Vos plantes vous en remercieront par une ampleur extraordinaire.

331 Un moyen simple et très efficace pour procurer à vos semis une certaine **chaleur de fond** douce et constante : installez vos terrines de semis dans des creux ouverts dans votre *tas de compost en fermentation.* Afin de parfaire l'effet de serre couvrez-les avec une vitre.

332 Pratique et économe : **récupérez** les *boîtes d'œuf, terrines et clayettes de faible profondeur* **pour y effectuer vos semis.** Légères à manipuler, très économes en terreau, elles vous fourniront des plants aux racines courtes et trapues qui facilitent le travail de repiquage.
Si vous utilisez des clayettes un peu trop ajourées, étendez une feuille de papier pliée en deux au fond.
Pour gagner de la place, déposez vos terrines sur des *étagères* mais n'oubliez pas de les changer d'étage régulièrement pour qu'elles profitent toutes de la lumière.

333 Certaines graines (entre autres, *persil et cerfeuil*) ont **besoin de tremper dans l'eau chaude** pendant plusieurs heures pour germer plus facilement par la suite. Profitez de ce moment-là pour éliminer toutes les graines qui remontent à la surface : elles ne valent plus rien.
Les graines de *pois de senteur* germeront encore plus facilement si vous avez effectué une très légère incision avec une lame de rasoir dans l'enveloppe avant de les mettre à tremper.

334 De nombreuses **plantes alpines** ont besoin d'un séjour de plus ou moins longue durée dans des *conditions climatiques qui leur sont propres* (baisse de température, voire gel intense) pour que leurs graines puissent germer.
Vous pouvez essayez de tricher avec la nature en plaçant vos graines dans le réfrigérateur pendant plusieurs jours ou même dans le congélateur. Renseignez-vous bien sur les particularités de culture de chaque plante pour garantir un maximum de succès.

335 Pour que les **œillets** lèvent bien, les graines ont besoin de *lumière.* Évitez donc de les recouvrir après semis et affermissez simplement les graines au sol avec le dos d'un rateau ou une simple planchette. Veillez à maintenir le sol humide en pulvérisant l'eau en brouillard ; le jet trop violent d'un arrosoir risquerait de lessiver le sol et d'entraîner votre semis.
Vos semis de *pétunias,* qui ont les mêmes exigences pour germer, peuvent être traités de la même façon.

336 Encore un petit truc pour tasser vos **semis délicats en terrine.**
Procurez-vous une chute de bois stratifié (de couleur blanche de préférence) que vous utiliserez comme *petite batte.* La matière lisse du stratifié empêchera les graines fines de s'accoler et, si quelques-unes ont échappé à toutes vos précautions, vous les remarquerez tout de suite sur le fond blanc.

337 Les **haricots et les fèves** que vous avez récoltés dans le but de les utiliser pour le semis de l'an prochain, doivent être parfaitement secs pour les conserver correctement pendant la mauvaise saison. Dans ce but, laissez les gousses pendant plusieurs heures au grand soleil et, dès qu'elles sont parfaitement sèches, rangez-les dans un endroit sec. Il n'y a pas de meilleure *protection contre toutes sortes de parasites* pendant leur conservation ; il suffit de les écosser juste au moment du semis.

338 Si vous voulez multiplier les **fougères,** mettez une fronde portant des spores à *sécher entre deux feuilles de papier.* Récupérez les spores qui seront tombés en séchant et semez-les en terrine sur un mélange de terre de bruyère.

339 Une fois que vous constatez la réussite de votre semis par les petites feuilles toutes tendres qui pointent, il faut penser au **repiquage.** Pour repiquer vos petites plantes délicates, utilisez une *étiquette à végétaux* ou un petit bout de *tuteur en bambou « fendu en V »* pour les saisir sans les abîmer.

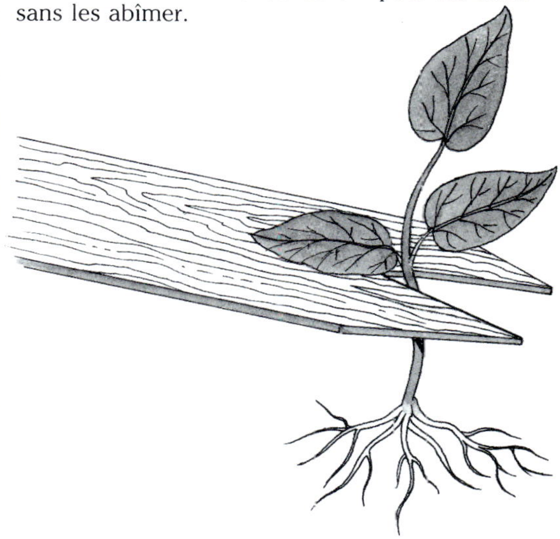

Remarques, observations personnelles

Remarques, observations personnelles

Où j'ai planté des rosiers, toujours j'ai moissonné des roses.

PROVERBE FRANÇAIS

P

Paillage

Pelouse

Plantation

Plantes

- Plantes d'appartement
- Plantes aromatiques
- Plantes couvre-sol
- Plantes grimpantes
- Plantes de terre de bruyère

Potager

Protection des plantes contre le vent, le froid, le soleil

Plantes de terre de bruyère :

1 *Pieris japonica « Variegata »*. Ses jolies grappes de fleurs à odeur de miel attirent les premières abeilles en mars-avril.

2 *Magnolia stellata*. Ses fleurs délicieusement parfumées sont les premières à éclore (mars-avril) parmi la grande famille des Magnoliacées.

3 *Camellia x williamsii « Donation »*. Peut-être le plus rustique et un des plus jolis parmi les camélias à floraison tardive (mars-avril) dans les régions froides.

4 *Clematis alpina*. Charmante grimpante à port buissonnant qui garnit à merveille un vieux tronc ; floraison en avril-mai.

PAILLAGE

Est-il vraiment encore nécessaire de vanter les bienfaits du paillage ? Rappelons quelques notions pour convaincre ceux qui n'en sont pas encore des adeptes.
Le paillage consiste à recouvrir le sol entre les plantes d'une couche de 8 à 10 cm de tourbe, écorce broyée, compost, paille (d'où le nom), sciure de bois, feuilles mortes, aiguilles de pin, fougères coupées, feuilles de bambous ou de cannes de Provence, gravier, gazon coupé, etc.
Cette couche protectrice évite la formation d'une croûte dure à la surface et le dessèchement trop rapide du sol. Elle ralentit le développement des mauvaises herbes, protège la souche des plantes fragiles en hiver et, dans le cas d'un paillage décomposable, elle présente un excellent amendement du sol en fournissant des matières organiques qui seront incorporées au sol par les vers de terre. Donc, plus de binage, plus d'apport d'engrais organiques supplémentaires, moins d'arrosage et désherbage. Vous voyez, une véritable aubaine pour les jardiniers paresseux !
Essayons de voir de plus près quelques-unes de ces matières de paillage.

340 Si vous cherchez un paillage très efficace qui présente un *effet décoratif* non négligeable, optez pour l'**écorce broyée.**
Le paillage d'écorce empêche les mauvaises herbes de germer à cause de son acidité, il permet de marcher sur le sol de vos massifs sans tasser la terre et se transforme en humus au fur et à mesure qu'il se décompose. Vous trouverez chez tous les bons fournisseurs des calibrages de copeaux différents que vous adapterez selon vos besoins : plus les copeaux sont grands, moins vite ils se décomposent, donc, plus votre paillage aura une vie longue. Mais attention à l'effet décoratif : les gros copeaux se marient mal avec la délicatesse et la fragilité de certaines vivaces ; dans ce cas, optez plutôt pour des petits calibres.

341 Les **aiguilles de pin** (ou n'importe quel autre conifère de votre région) sont un paillage par excellence, notamment pour les *fraisiers.* Leur petite taille permet de les glisser facilement entre les plants de fraisiers qui, ensuite, sentiront bon les bois. De surcroît, vous récolterez des fruits sains, sans salissures. Il semble que les aiguilles découragent les limaces : elles chercheront leurs gourmandises dans des lieux où elles se piquent moins...

- Voir aussi l'astuce 476, chapitre « Potager ».

342 La meilleure manière de pailler vos *plantes alpines* consiste à étaler une bonne couche de **petit gravier**. Ainsi protégées, vos petites plantes se trouveront parfaitement à l'aise dans un environnement qui leur est naturel. En effet, le gravier captera et reflétera la chaleur tout en gardant l'humidité nécessaire autour des racines. De plus, le gravier forme un joli contraste avec les fleurs et les met en valeur.
Pour augmenter l'effet de naturel, mélangez vos gravillons avec quelques poignées de gravier plus gros et disposez de grosses pierres ici et là afin d'imiter au maximum un paysage de montagne.

343 Le *paillage le plus économique* est sûrement le **gazon coupé**. Mais attention avec les couches épaisses de gazon ! *l'herbe coupée fermente* et dégage beaucoup de chaleur qui risque d'abîmer le collet de certaines plantes fragiles.

344 Évitez de pailler quand il fait très froid car **le paillage enfermera le froid** ; attendez donc que le sol se réchauffe un peu.
Attention aussi à ne pas poser votre paillage *trop près du tronc* : cela risque de provoquer des pourritures !

Si vous n'avez pas de place pour un tas 345
de compost dans votre jardin, laisser faner les mauvaises herbes au pied de vos arbres. Ainsi elles constitueront un bon matelas de paillage qui se transformera rapidement en compost pour leur plus grand bienfait.

Avez-vous déjà pensé aux **films de plastique noir** pour le paillage ? 346
Vous les connaissez probablement pour le paillage des fraisiers mais rien ne vous empêche de les utiliser pour former *«un colleret» autour de vos arbres,* au potager ou même dans vos massifs. Si vous couvrez le plastique avec un peu de *gravier ou une pelletée de terre, d'écorce,* etc., il ne nuira pas à l'aspect esthétique et passera parfaitement inaperçu.

PELOUSE

Une pelouse est le meilleur moyen de donner à toute composition une harmonie. Jouez au mariage heureux de la volupté, de la richesse des couleurs de vos fleurs et de la sobriété du vert de la pelouse : ils formeront un couple parfait. Le vert apportera le calme, le repos pour les yeux et l'esprit, il adoucira les couleurs trop vives et les mettra en valeur.
Donc, faites de votre mieux pour réussir cette union ; évitez les lignes trop strictes, donnez une certaine souplesse en laissant déborder vos fleurs sur la pelouse et l'ensemble sera harmonieux.

347 Ne créez pas un jardin morcelé avec de petites taches de pelouse ici et là, un petit bout entre les arbustes, un autre derrière les arbres... Faites une **surface continue** avec des *massifs de fleurs et d'arbustes bien délimités,* ainsi vous éviterez de zigzaguer avec la tondeuse entre vos plantes, chose pas toujours évidente et, surtout, vous éviterez un surplus de travail et gagnerez un temps considérable.

348 Si vous avez un grand jardin, contentez-vous de soigner particulièrement la pelouse *aux abords de la maison* et laissez le restant en **prairie un peu plus libre** qui ne manquera pas de charme. Dans de très grandes propriétés, on peut simplement tracer régulièrement des chemins et petits dégagements à la tondeuse, le reste conservera un aspect très naturel et il suffira de passer deux fois par an la faucheuse.
Attention ! abstenez-vous d'installer des plantes fragiles dans la partie libre de votre jardin : elles ne résisteront pas à la concurrence de l'herbe.

349 Afin de faciliter la tonte autour des massifs aux contours sinueux, près des murs ou au pied des marches, ménagez une **bordure de dalles** ou de briques *posées à plat affleurant la surface du sol.* Ainsi la tondeuse roulera dessus sans abîmer vos fleurs et vous ne serez plus obligés de faire des finitions fastidieuses à la main.
Vous pouvez aussi essayer une technique qui est couramment pratiquée chez nos amis d'outre-Manche : à la limite de vos plates-bandes, faites une petite rigole de 10 cm de largeur sur 10 cm de profondeur et coulez-y du ciment, le niveau de cette « stop-bordure » doit être légèrement inférieur à celui de la pelouse.
Ainsi l'herbe s'arrêtera nette à cette limite imposée et votre *rigole cimentée* disparaîtra vite sous la végétation débordante sans que celle-ci puisse s'enraciner pour autant.

350 Une autre manière de soigner les **bordures des pelouses** consiste à enfoncer des *bordurettes en plastique.* C'est sûrement très pratique mais laisse à désirer du côté esthétique.
Avez-vous déjà pensé à utiliser des *tuiles plates* ou des ardoises. Vous les enfoncez dans le sol à la hauteur désirée avec un maillet, le résultat est nettement plus joli car les tons brun-ocre des tuiles ou le gris sombre des ardoises mettront les couleurs de vos massifs en valeur.

351 Si vous voulez **souligner les bords de votre pelouse**, tracez à la binette une petite rigole d'environ 1 cm de profondeur tout le long du pourtour. Semez-y votre mélange qui se concentrera dans ce petit espace et formera une *lisière bien dense* et parfaitement nette.

352 Vous avez **une bosse ou un trou dans votre pelouse ?**
Voici la solution pour réparer ce petit défaut : faites *une coupe en forme de H* dans l'herbe, soulevez et écartez délicatement les plaques de gazon et ensuite rajoutez ou enlevez l'excès de terre. Il ne reste qu'à refermer et tasser ; votre pelouse sera de nouveau impeccable.

353 Si **les bords de votre pelouse sont abîmés**, réparez-les rapidement de la manière suivante : découpez un carré autour du bord abîmé et décollez la plaque à la pelle. Ensuite retournez le carré de manière à ce que le bord droit remplace la partie abîmée de la pelouse. Remplissez le trou constitué par la partie détériorée avec de la terre fine, tassez et semez à nouveau de l'herbe. En quelques semaines toute trace d'intervention aura disparu.

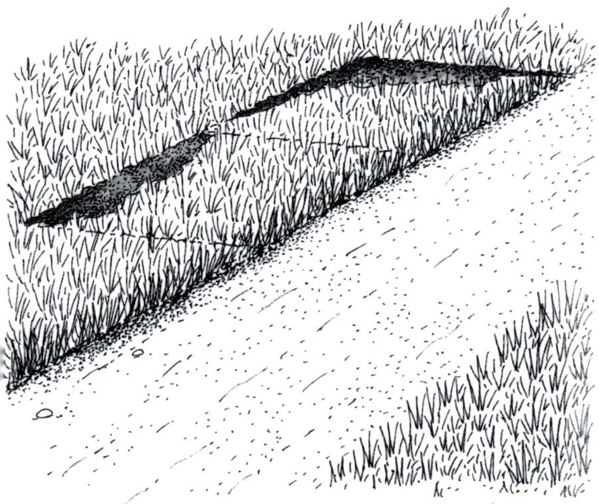

354 N'oubliez pas que **si vous tondez votre gazon régulièrement très ras**, les racines se développeront très peu en profondeur, *résisteront donc assez mal à des périodes de sécheresse ;* il faut alors surveiller les arrosages.
Donc, si vous ne pouvez pas assurer ces petits soins, *réglez votre tondeuse à une hauteur de 3 cm minimum* ce qui favorisera le développement des racines en profondeur.

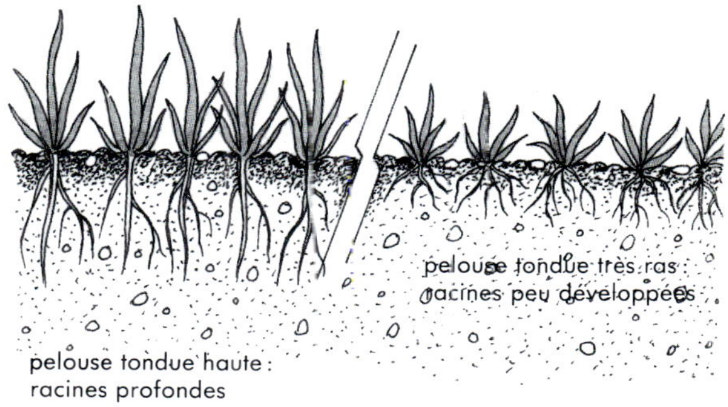

355 Ne piétinez jamais l'herbe un peu haute : elle restera couchée sous vos pas et prendra un certain temps pour se relever de nouveau ; la tonte sera ainsi considérablement compliquée.

356 Propriétaire de *chien*, vous constatez peut-être de temps en temps de disgracieuses **taches jaunes** sur votre pelouse : il s'agit des « oublis » de votre chien. La seule solution pour remédier à ces vilaines brûlures, est d'*arroser copieusement* l'endroit à plusieurs reprises afin de le lessiver et faire reverdir.

357 Afin de gagner du temps pour le **ramassage de l'herbe coupée,** posez par endroits *des feuilles de plastique* sur lesquelles vous videz votre bac de ramassage. Quand la tonte est terminée, l'herbe sera ainsi facilement récupérée pour le tas de compost ou le paillage.

358 Si vous aimez les **bulbes fleuris** au printemps dans votre pelouse, ne les disséminez pas au hasard, mais plantez-les en *grandes taches ;* cela vous permettra de passer la tondeuse autour. Laisser faner le feuillage de vos bulbes pour qu'ils atteignent leur maturité.

359 Vous rêvez d'un joli tapis vert, tout doux sous vos pieds ?
N'oubliez pas que toute pelouse soignée a besoin d'être **aérée** très régulièrement. Une astuce très simple consiste à se promener le plus souvent possible avec des chaussures à *pointes* que vous pouvez acheter d'occasion dans un club sportif.

Il existe aussi des *patins aérateurs* que vous fixez sous vos chaussures (demandez-les chez votre fournisseur) et, bien sûr, des machines et outils spéciaux mais c'est nettement moins amusant et de surcroît plus cher.
Néanmoins, si votre pelouse dépasse une certaine surface, vous n'apprécierez peut-être pas le côté sportif de cette solution. Savez-vous que l'on trouve des *scarificateurs auto-tractés* à louer et qu'il existe des *lames de scarificateur* qui se montent à la place des couteaux de fraise de votre motoculteur ? Ainsi vous pouvez régénérer votre pelouse en profondeur vite et sans le moindre effort.

360 Pour bien **aplanir la surface à ensemencer** (ou n'importe quelle grande surface à planter au jardin), servez-vous d'une petite *échelle* sur laquelle vous avez posé une *planche alourdie par deux parpaings.* Attachez une corde aux deux extrémités de l'échelle et tirez le tout sur le sol. Ainsi les bosses seront éliminées sans problème et les creux se combleront au passage.

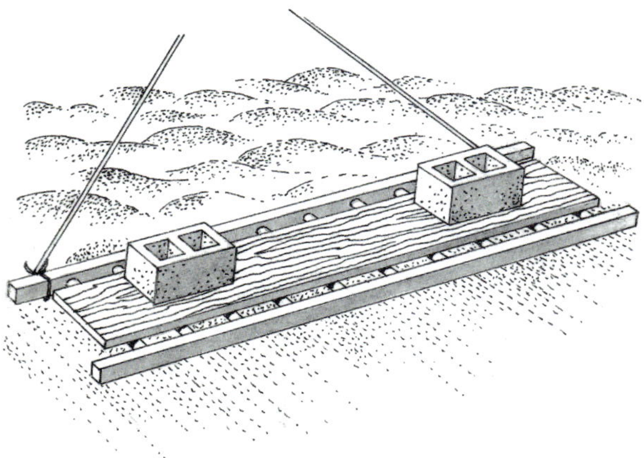

361 Si vous avez une très **grande surface à ensemencer**, il vaut mieux *quadriller votre terrain* afin de répartir les graines de gazon uniformément en respectant les doses conseillées (généralement 3 à 4 kg pour 100 m^2).
Divisez la surface en *carrés de 10 m de côté* à l'aide de cordeaux et procédez carré par carré. De plus, si vous n'avez pas encore la main légère du semeur, n'hésitez pas à mélanger votre semence avec un peu de tourbe, terreau ou sable : un volume plus important est toujours plus facile à disperser.

362 Deux conseils concernant le **roulage du gazon** :
— ne passez jamais le rouleau sur la *terre humide :* elle se collera immédiatement sur le métal et avec elle le semis que vous venez de faire ;
— quant au roulage *avant la première tonte* (très important sinon la tondeuse risque d'arracher les jeunes touffes d'herbe au lieu de les tondre) : roulez la veille de votre tonte, ainsi les jeunes plantes auront le temps de se redresser.

363 Au cas où vous ne disposez pas d'un **rouleau**, vous pouvez affermir le sol à l'aide de *petites planchettes de bois.* Fixez-les avec des lanières à vos chaussures et « promenez-vous » à petits pas sur le terrain jusqu'à obtention d'une fermeté suffisante.

364 Si vous craignez que les **moineaux ne mangent votre semis**, vous pouvez saupoudrer les graines avec un *fongicide contenant du thirame* ou de la *poudre de minium* avant de les répandre sur le sol. Pour que la poudre adhère bien, humidifiez légèrement vos graines.

365 Avant tout **traitement** (engrais ou désherbant), prenez la précaution de *tondre la pelouse bien ras.* Ainsi le produit pénétrera plus efficacement.
Et, surtout, n'intervenez jamais sur une *pelouse sèche :* les produits provoqueraient de vilaines brûlures, donc exactement le contraire de l'effet désiré.
Un petit conseil supplémentaire au sujet des *herbicides :* ne les employez pas si la température est inférieure à 15 °C, ils seraient inefficaces.

366 Savez-vous que la **formation de mousse** dans la pelouse n'a rien à voir avec une trop importante acidité du sol, comme cela est si souvent prétendu ?
En effet, les mousses s'installent aussi bien sur terrain calcaire que sur terrain acide. Elles sont simplement l'indicateur que le sol a subi un

durcissement trop important et qu'il a besoin d'être aéré. Ceci explique que la mousse revient toujours malgré une application de sulfate de fer si vous n'avez pas pris la précaution d'aérer votre pelouse en même temps.

• Voir aussi l'astuce 359 (Comment aérer une pelouse).

367 Quand vous épandez le **sulfate de fer,** évitez d'en mettre sur vos *dallages ou murs* car le produit laissera de vilaines taches. En cas de souillures lavez immédiatement à grande eau.

368 Si vous avez un **jardin en pente forte,** la création d'une pelouse peut poser quelques problèmes à cause du ravinement du sol lors des pluies.
Une astuce utilisée par les professionnels consiste à poser un *treillis* sur la terre travaillée et nivelée. Immobilisez ce treillis avec des crochets en fil de fer, semez les graines à la volée et recouvrez-les avec une fine couche de terre que vous damez. Les racines de votre gazon vont s'enchevêtrer dans le treillis pour former une masse compacte qui assurera la fixation du terrain.

On trouve maintenant aussi un *treillis biodégradable à 100 %* en deux ou trois ans sous forme de filet de jute à mailles grossières. Certes, cette solution revient un peu plus cher que le filet plastique classique, mais l'intérêt écologique n'est pas négligeable. À condition de vous grouper entre voisins pour passer commande, vous pouvez obtenir des prix fort intéressants.

Une autre astuce pour les **jardins en pente.** **369**
Si vous cherchez une solution pour accéder à un niveau supérieur sans avoir recours à un escalier ou une plantation en « étages », infranchissable pour les tondeuses ou petits tracteurs, vous pouvez poser des *dalles perforées en béton* qui seront ensemencées de gazon par la suite.

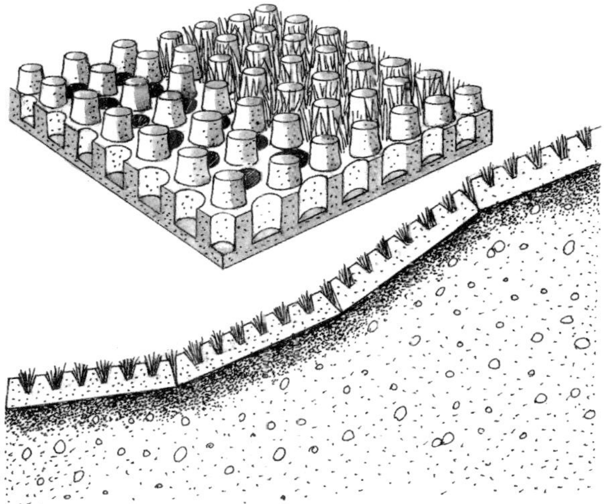

Ce genre de revêtement permet aux engins de *rouler sans glisser ou déraper,* et il sera pratiquement invisible quand l'herbe de la pelouse sera assez haute.

PLANTATION

Les secrets d'une plantation réussie tiennent à bien peu de chose : le respect des besoins de la plante en lumière, le climat, la nature du sol... et de la patience.
Donc, il va de soi : ne plantez pas n'importe quoi, n'importe où et à n'importe quel moment !
Ce n'est pas le rôle de cet ouvrage de vous enseigner les différentes techniques de plantation ni de servir d'encyclopédie des plantes où vous trouvez les exigences particulières de chaque cas (consultez un des nombreux livres énumérés dans la bibliographie). Néanmoins, retenez simplement qu'il ne vaut pas la peine de vouloir à tout prix contrarier la nature. Parfois, dans le meilleur des cas, il en résultera une bonne surprise, mais généralement, la nature prendra sa revanche tôt ou tard... et tous les jardiniers, même les plus expérimentés, ont connu ce genre d'échec.

370 Vous avez beaucoup d'arbres, arbustes, etc., à planter et vous n'arrivez pas à réaliser toutes vos **plantations avant l'arrivée des premières gelées** qui empêchent tout travail de la terre ?
Préparez donc vos trous de plantation et massifs *assez tôt en saison* et couvrez le tout avec un *bon paillage et une feuille plastique :* la terre sera protégée et ne se durcira pas. Ainsi vous pourrez continuer vos plantations en plein hiver, et votre jardin sera prêt pour le printemps suivant.

371 Si votre **plante en conteneur** manifeste une certaine résistance pour sortir de son récipient, arrosez-la copieusement ou, mieux encore, *laissez-la tremper* pendant une demi-heure dans l'eau. Ensuite, découpez le conteneur en plastique : il vaut mieux perdre un récipient que briser la motte.
D'ailleurs, je vous conseille de laisser toujours *tremper vos plantes en mottes ou en conteneur avant la plantation.*
En effet, si la motte est trop sèche à la plantation, elle aura du mal à se mouiller par la suite car l'eau d'arrosage aura tendance à ruisseler le long de la motte sans y pénétrer. En conséquence, votre plante mourra de soif malgré les arrosages.

- Voir aussi les astuces du chapitre « Arrosage ».

À la plantation n'oubliez pas de **dérouler soigneusement le chignon de racines** qui s'est formé au fond du pot. 372
Si nécessaire, défaites-le avec un couteau sur la périphérie aussi bien que sur le fond. Ensuite étalez les racines aussi largement que possible dans le trou de plantation préparé. Cette étape est très importante. Elle permet notamment aux racines de bien s'ancrer dans le sol, faute de quoi l'arbre risquerait d'être renversé par les vents violents.
Néanmoins, cette précaution ne remplace pas un *bon tuteurage* pour les premières années !

373 Pour assurer une parfaite reprise de vos **plantes à racines nues**, trempez les racines pendant environ 30 minutes dans de *la boue* (mélange de terre argileuse, de tourbe et d'eau). Si vous le voulez, vous pouvez encore rajouter des *hormones d'enracinement* à ce mélange. Ainsi les racines seront réhydratées et auront moins de mal à se développer.

374 Méfiez-vous quand on vous dit qu'il n'est pas nécessaire d'enlever à la plantation la **tontine de paille** ou la **toile de jute** qui entourent la motte radiculaire.
Souvent cela se passe très bien : ce genre d'emballage finit pas se décomposer et on n'en parle plus mais, malheureusement, il peut arriver que la toile ait été trempée auparavant dans un *fongicide* afin d'éviter les pourritures, ce qui provoque inévitablement la *destruction des champignons symbiotiques*. Ces champignons sont absolument indispensables à la survie de certaines espèces, notamment des conifères et plantes de terre de bruyère. Ainsi on comprend le dépérissement « inexplicable » de certaines plantes quelques mois après leur plantation.
Quant à la tontine de paille, n'oubliez pas que les céréales sont généralement *traitées avec des herbicides* qui contiennent des hormones toxiques pour les racines. De plus, en se décomposant, la paille consomme une grande partie de l'azote du sol et il peut arriver qu'une plante peu résistante meure de *faim d'azote*.

375 Vous êtes obligés de **remplacer un arbre qui a dépéri** par un autre arbre. Dans ce cas, évitez de choisir *un arbre de la même famille* et prenez la précaution de *changer complètement la terre*. D'abord, elle est sûrement épuisée en matières nutritives prélevées par l'arbre et, en plus, elle risque d'être contaminée par des champignons qui ont peut-être provoqué le dépérissement de votre arbre.

376 N'omettez pas de bien **arroser après chaque plantation** *même si le temps est à la pluie*. En effet, il est très important que la terre s'infiltre bien entre les racines. Beaucoup d'échecs sont simplement dus à un mauvais contact des racines avec la terre et à la formation de poches d'air si la terre n'a pas été affermie après la plantation.

377 Vous avez de grands arbres ou arbustes que vous désirez **transplanter** l'année suivante. Procédez à un *cernage* pour leur assurer un maximum de chances de reprise. Pour ce faire, enfoncez une bêche en formant un cercle autour du pied du sujet. Ainsi les racines fuyantes seront supprimées et la plante formera une motte de racines courtes et en grande quantité, ce qui facilitera la reprise de l'arbre.
D'ailleurs, le même procédé peut être utilisé pour la formation des fleurs sur les arbres fruitiers stériles à cause d'un excès de vigueur.

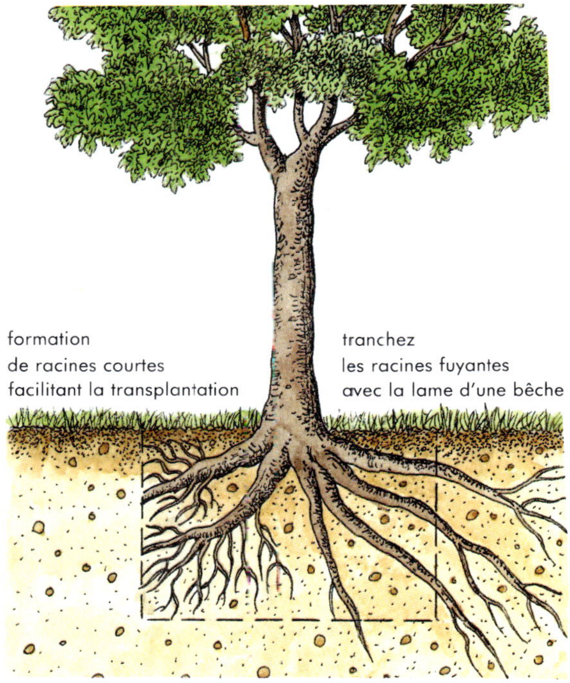

378 Vous avez peut-être envie d'installer quelques **fleurs sous vos arbustes déjà bien développés** mais vous constatez que leur réseau de racines est tellement étendu qu'il est impossible de faire pousser quoi que ce soit sauf, éventuellement, une plante couvre-sol.
Employez donc l'astuce suivante : dégagez une *poche de terre entre les racines* juste assez grande pour contenir un *pot de fleurs* de bonne dimension. Installez-le dans le trou et plantez-y vos fleurs : ainsi les racines de l'arbuste ne feront pas concurrence à vos fleurs et chacun pourra prospérer à son aise.

379 Si vous avez eu la chance d'acquérir un jardin avec des arbres qui ont atteint leur taille adulte, vous vous trouvez peut-être néanmoins devant un problème : **rien ne veut pousser sous ces grands arbres** car le sol est stérilisé et desséché par leur important réseau de racines.
Ne désespérez pas, il y a une solution. Il faut creuser *une fosse* à l'endroit où vous désirez faire vos plantations, sans hésiter à couper quelques racines de l'arbre. Ensuite, posez une *feuille de polyane* qui isolera votre massif des racines envahissantes de l'arbre. Remplissez votre fosse de plantation avec un bon mélange terreux adapté à la nature de vos plantes.
Si vous désirez installer des plantes de terre de bruyère (les rhododendrons et azalées se plaisent beaucoup dans ce genre de sous-bois) vous pouvez éviter de creuser profondément *en surélevant votre massif.*
N'oubliez pas non plus de prévoir un *trou de drainage* au point le plus bas de votre plastique afin d'empêcher la stagnation de l'eau.

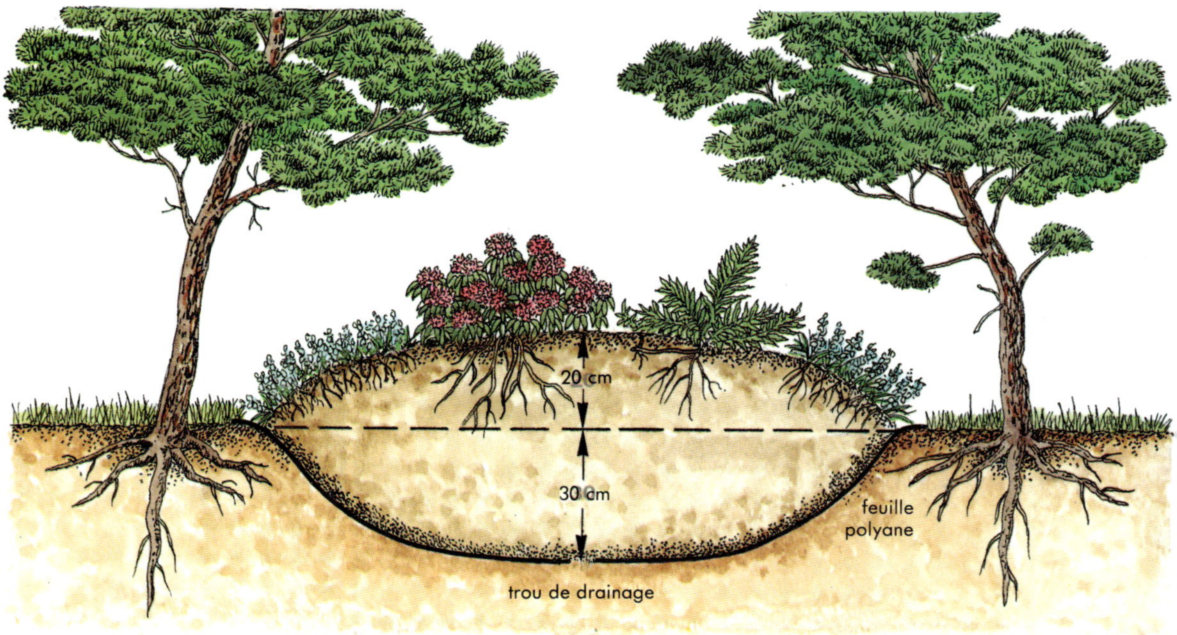

380 Vous avez un **talus abrupt** à planter avec des plantes couvre-sol, stabilisez le sol avant à l'aide *d'un grillage en plastique.* Installez vos plantes en pratiquant des entailles dans le plastique. Ainsi la stabilité du terrain sera assurée en attendant que les racines s'ancrent dans le sol et votre tapis végétal se développera sans problème.
Toujours dans le même but, vous pouvez planter vos végétaux aussi dans des entailles pratiquées sur *film noir.* Celui-ci présentera en plus l'avantage d'empêcher les mauvaises herbes de pousser ; en revanche, le côté esthétique est discutable.

381 Vous n'avez peut-être pas encore la main pour **repiquer vos jeunes plantes de manière régulière** et à distance parfaitement égale comme il le faut pour des massifs à motifs très dessinés. Dans ce cas, vous pouvez avoir recours à un *grillage tendu entre un cadre en bois* et ensuite il suffit de planter dans les trous du grillage suivant la distance souhaitée.

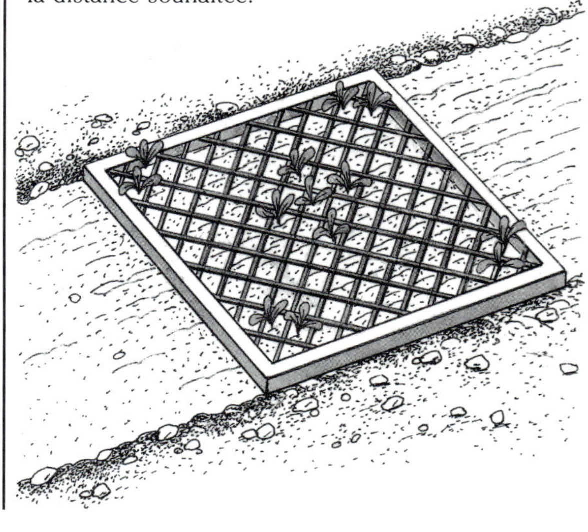

382 Pour épater vos amis et voisins avec des **fleurs gigantesques** (zinnias, roses d'Inde, cléomes...) servez-vous d'une astuce connue de tous les professionnels : installez vos jeunes plantes dans des *poquets nutritifs,* c'est-à-dire des fosses de 25 cm de côté contenant du *terreau enrichi avec de l'engrais.* Arrosez très régulièrement et le tour est joué !

383 Si vous voulez obtenir un **effet de masse** immédiat tout en respectant les distances de plantation, ainsi que pour former rapidement un écran dans des situations exposées, utilisez des *végétaux « bouche-trou ».*
Entre les arbres et les arbustes mis en place définitivement, plantez quelques arbustes bon marché : cornouillers, buddleia, tamaris, sureaux, groseilliers à fleurs, etc. Vous les supprimerez plus tard (faites-en cadeau à vos voisins et amis) quand les plantes auront pris une certaine ampleur.
Dans le même but, vous pouvez aussi utiliser des *plantes annuelles ou vivaces* à grand développement qui s'enlèveront par la suite sans aucun problème.

Vous n'êtes pas sûr que telle ou telle plante se plaira chez vous au jardin pour une *question de sol, d'exposition,* etc., ou simplement si vous n'êtes pas sûr de l'effet qu'elle produira, installez donc un seul sujet dans un petit coin prévu comme « **pépinière-essai** ». Quelques mètres carrés de votre potager feront parfaitement l'affaire. 384
Ainsi vous aurez tout votre temps pour juger avant d'installer plusieurs sujets à leur place définitive.

Les résidences secondaires ou maisons de campagne ne disposent pas toujours d'un tout-à-l'égout et doivent se contenter de **fosses septiques avec plateaux absorbants.** Pour améliorer leur fonctionnement, prévoyez l'installation d'un *massif d'espèces végétales avides d'eau* et douées d'un enracinement très divisé. 385
Quelques plantes à retenir pour cette utilisation : les bambous, cotoneasters salicifolia, lauriers-cerises, sambucus (sureau), lierres, fougères, hemerocalles, iris kaempferi et iris sibirica, lythrum (salicaire), aruncus (barbe de bouc), vinca, trollus et tradescantia.
Dernière chose : il est *formellement interdit de cultiver des légumes* sur les plateaux absorbants.

PLANTES

I l n'y a pas de plantes laides dans la nature mais souvent des plantes mal employées.
Voici quelques conseils.

PLANTES D'APPARTEMENT

386 Ne laissez jamais vos pots dans des **soucoupes remplies d'eau** au risque de faire pourrir les racines. Aménagez plutôt un *lit de cailloux* de plusieurs centimètres dans votre cache-pot ou posez la plante sur une *soucoupe retournée.* Ainsi votre plante n'aura pas « froid aux pieds » et elle bénéficiera d'une humidité permanente.

387 Pour assurer l'**arrosage de vos plantes d'intérieur pendant vos vacances**, sachez profiter de l'*arrosage par capillarité.*
Posez une vieille couverture, une bâche, ou éventuellement, des serpillières dans votre baignoire ou l'évier afin de les protéger, posez vos plantes (sans cache-pot) sur des briques et remplissez d'eau jusqu'à la hauteur des briques. L'eau montrera par capillarité et vous pourrez vous absenter pour plusieurs semaines à condition que votre salle de bains soit *suffisamment éclairée.*

• Voir aussi les astuces 620 et 621, chapitre « Vacances ».

Afin d'apporter un certain **taux d'hygrométrie** indispensable à vos plantes d'appartement, enfoncez dans le mélange terreux plusieurs de ces étuis cylindriques qui servent d'*emballage aux films photographiques* de format 24 × 36 ; leur rebord doit affleurer la surface de la terre. Au moment de l'arrosage vous remplirez ces petits récipients d'eau et, peu à peu, l'eau s'évaporera sous le feuillage de vos plantes pour leur plus grand bien-être. **388**

Pour éviter le **dessèchement de la terre en surface**, chose qui peut être fatale pour toutes les petites racines qui s'y trouvent, tapissez la terre nue de vos plantes en pot avec de la *mousse, des copeaux d'écorce de pin* ou, pourquoi pas, une couche de petits *galets ou gravillons.* **389**

390 Vos plantes d'appartement à feuillage coriace vous seront reconnaissantes de leur *laver de temps en temps les feuilles à l'eau douce.* Mais n'oubliez pas non plus de **dépoussiérer** en même temps **leur tronc**, notamment s'il s'agit de petits arbres d'appartement tel que le ficus benjamina. Dans ce but, récupérez une *vieille brosse à dents* qui vous rendra d'excellents services.
Pour les plantes au feuillage velouté (le saintpaulia par exemple) ayez recours aux mèches qui servent habituellement à nettoyez les pipes ; cet instrument insolite permettra de nettoyer les feuilles avec douceur et efficacité.

391 En hiver les plantes d'appartement souffrent souvent de **manque de lumière.** Pour leur permettre de bien passer la mauvaise saison, groupez-les et disposez derrière elles un *grand miroir* qui réfléchira la lumière venant de l'extérieur. Si, en plus, vous leur installez un tube au néon, elles arriveront avec une bonne mine au printemps prochain.

392 Beaucoup de pépiniéristes cultivent des plantes d'appartement dans un **substrat** presque exclusivement **à base de tourbe** car c'est léger, facile à manier, sain et, de toute façon, ces plantes sont alimentées automatiquement avec des engrais liquides.
Mais dès que ces plantes rentrent chez vous, rien ne va plus, car vous n'êtes pas équipé pour leur assurer le mode d'alimentation auquel on les a habituées. Résultat : la plante dépérit rapidement, le plus souvent simplement de faim et de soif !
Donc, si vous constatez que la plante a été élevée selon ce genre de culture (regardez attentivement la nature du substrat : s'il est très léger, fibreux, filtrant, de couleur marron clair, il s'agit sûrement de la tourbe), n'hésitez pas à la *rempoter* le plus rapidement possible dans un *bon terreau.* Après une petite période d'adaptation, votre plante redeviendra aussi belle qu'auparavant.

393 Quand vous retirez vos plantes des **pots devenus trop petits,** vous allez constater que les racines ont formé de vrais chignons serrés contre les parois du pot. Pour assurer une bonne reprise dans leurs nouveaux pots de taille supérieure, il faut *dégager les racines emmêlées.* Dans ce but, utilisez une simple *fourchette* et « peignez » les racines. Il ne vous reste qu'à couper celles qui sont vraiment trop longues et vous installez votre plante dans le mélange terreux préparé.

394 Au moment du **rempotage** de vos plantes d'intérieur, vous n'avez peut-être pas de *matériau de drainage* sous la main. Si vous ne pouvez pas vous procurer des morceaux de poterie ou des gravillons, ayez recours à des boulettes faites avec du papier aluminium ou, éventuellement, à des capsules ou bouchons de bouteille.

395 Si certaines de vos plantes d'appartement sont devenues **trop volumineuses pour être transplantées,** faites juste un *surfaçage :* c'est-à-dire, enlevez doucement un peu de terre en surface du pot sans toucher aux racines superficielles. Ensuite réalisez des trous à l'aide d'une fourchette de table, rajoutez du terreau neuf que vous pressez régulièrement avec les doigts et complétez par un bon arrosage.

396 Qu'elles sont jolies, ces bonbonnes transformées en **jardins en bouteille,** mais quel casse-tête pour installer les petites plantes, les retirer, les nettoyer, etc. Et souvent, on finit par baisser les bras devant l'impossibilité de manipuler les végétaux par un goulot bien trop étroit... Pourtant, il suffit d'« inventer » des *outils,* et la manipulation devient un jeu d'enfant :
— pour planter, poser, retirer des végétaux, servez-vous d'une *pince à cornichons ;*
— pour rajouter du terreau ou du sable, fabriquez un cornet en papier kraft ou utilisez un *petit entonnoir ;*
— pour tasser la terre, il suffit d'emmancher une bobine de fil ou un *bouchon en liège* sur un petit tuteur en bambou ;
— pour creuser vos trous de plantation, réalisez une « pelle » à l'aide d'une *petite cuillère* fixée à un manche de bambou ;
— pour couper les feuilles malades, pincez l'extrémité des tiges afin de limiter la croissance, etc., utilisez une *lame de rasoir* placée sur un petit bambou.

— pour enlever les débris de végétaux, ayez recours à une *aiguille à tricoter* (ou une brochette) qui permettra de piquer les feuilles par terre, à la manière de ceux qui entretiennent les parcs publics.
Et si des algues ou autres saletés ont fini par se déposer sur les parois de votre bonbonne, fixez une *éponge sur un fil de fer.*
Voilà toute la panoplie des « jardiniers de bouteille ».

397 Vous avez peut-être essayé de multiplier des **Broméliacées** (ananas, guzmannias, vriésias, etc.) en détachant les rejets du pied-mère. Malheureusement, malgré une bonne reprise de vos boutures elles refusent de fleurir à leur tour. Essayez donc un petit truc d'horticulteur.
Enfermez les plantes bien formées (environ un an après le bouturage) dans un *sac plastique transparent* avec une ou deux *pommes* bien mûres. Laissez-les ainsi pendant deux jours à 20 °C minimum. Les pommes finiront par dégager des vapeurs d'éthylène qui stimuleront la floraison.

398 Vos **cactus** ont accumulé de la *poussière entre leurs piquants* et vous ne savez pas comment procéder à un « nettoyage sans douleur » ?
Trempez donc une *vieille brosse à dents* dans l'eau savonneuse et frottez doucement, tout en protégeant la terre avec une feuille de plastique ou d'aluminium. Rincez bien à l'eau claire après le grand ménage et votre ami piquant se réjouira de sa nouvelle beauté.

Si vous êtes obligé de transplanter votre **399**
cactus pensez à ce petit truc pour éviter des mésaventures avec les piquants qui s'enfoncent sans pitié dans les doigts : munissez-vous d'un *chiffon ou de papier souple* que vous enroulez sur plusieurs épaisseurs pour former une bande étroite. Entourez votre cactus de cette bande et saisissez-le fermement.

Vous avez un **caoutchouc** qui au fil des **400**
années a fini par se dégarnir de la base ?
Essayez donc de *garrotter cette tige dégarnie* à plusieurs endroits avec un *fil de cuivre.* Généralement, des yeux reperceront avec ce genre de traitement.
Et si votre *ficus élastica* ne développe qu'une seule tige et que vous vous lassez de son port trop raide, n'hésitez pas à *supprimer son bourgeon principal* avec une lame propre et bien aiguisée. Votre ficus ne tardera pas à se ramifier pour former un joli arbre touffu.

401 On vous a offert un joli **cyclamen** mais une fois défleuri vous ne savez pas quoi faire pour obtenir une autre floraison?
En respectant les conseils suivants vous devriez obtenir de nouveau une jolie potée fleurie l'hiver prochain:
— mettez votre cyclamen défleuri *au repos* dans un endroit sec et ombragé, *couchez le pot* et si vous en avez plusieurs, placez-les les uns sur les autres;
— vers juin-juillet, remettez les pots debout en les gardant toujours à l'ombre;
— en août, il faut *déterrer les bulbes,* les nettoyer doucement et les *rempoter* dans un mélange de deux tiers de terreau et d'un tiers de terre de jardin sableux et non calcaire. *N'enterrez pas la partie supérieure* du bulbe et arrosez dans une soucoupe: il ne faut *pas mouiller le bulbe* sinon il risque de pourrir.
En septembre, vous pouvez rentrer vos pots dans une pièce (12 °C à 15 °C) en attendant la floraison.

402 Certaines plantes, notamment les **fougères**, azalées, crotons, etc., souffrent plus que d'autres quand elles manquent d'une humidité ambiante. Installez-les donc dans un pot ou même dans un cache-pot de taille supérieure que vous remplissez de *tourbe.* Mouillez la tourbe régulièrement pour qu'elle reste constamment humide; elle se chargera de créer une *hygrométrie favorable* pour vos plantes et, de surcroît, elle absorbera l'excédent d'eau d'arrosage.

403 L'**hibiscus** comme beaucoup d'autres plantes d'appartement est très sensible au moindre dérangement *quand il forme ses boutons floraux.* Donc, ne changez surtout pas ces plantes sensibles de place et ne tournez même pas le pot au moment de la formation de ses fleurs sinon vous risquez de provoquer l'avortement de ses boutons floraux.

404 Ne laissez pas anéantir toutes vos **impatiens** par les gelées. Déterrez donc quelques pieds *avant l'arrivée du grand froid,* mettez-les en pot en raccourcissant auparavant les tiges à quelques centimètres. Ainsi elles vont refleurir et égayer votre intérieur pendant une bonne partie de l'hiver.
Il y a un certain nombre d'autres plantes qui peuvent fleurir à la maison après les avoir rentrées: les œillets d'Inde, les agératums, les pétunias, les lobélias et les héliotropes s'accommodent très bien de ce genre de traitement et continuent de fleurir pendant un bon mois à condition de leur procurer de petits soins et une exposition bien éclairée.

405 Savez-vous que la **misère** ne se pare de ses jolies feuilles zébrées ou de couleurs qu'en *pleine lumière?* À l'ombre ses feuilles deviennent vertes et perdent beaucoup de leur charme.

406 On vous a offert un magnifique **poinsettia** (Étoile de Noël) mais l'année suivante il a obstinément refusé de former ses jolies bractées éclatantes et vous avez dû vous contenter d'un feuillage vert sans intérêt?
Savez-vous que cette plante a besoin d'un minimum de *14 heures d'obscurité par jour* et ceci pendant environ *40 jours avant la future floraison?*
Afin d'obtenir le résultat désiré, habillez votre poinsettia avec un grand sac en papier pendant la journée et vous allez voir comme un mauvais traitement peut être parfois bénéfique.

PLANTES
AROMATIQUES

407 Qui n'a pas déjà renoncé à chercher un brin de ciboulette ou un peu d'estragon au fond du jardin quand le soleil n'est pas au rendez-vous ou quand vous êtes pressés ?
Alors pourquoi ne pas installer quelques pieds de ces indispensables plantes dans une **jardinière tout près de la cuisine.** Et pour rendre votre jardinière un peu plus attrayante, intercalez entre les fines herbes *une plante fleurie :* primevère ou pensée pour le printemps : géranium, souci ou pétunia pour l'été. Ou encore essayez l'association de quelques touffes de ciboulette avec du thym ou de l'origan doré : un mariage fort décoratif avec des grandes valeurs gustatives.

408 Le **cerfeuil** et le **persil** sont connus comme étant assez capricieux et lents à germer. Laissez donc un pied monter en graine, laissez bien sécher les graines sur tige et secouez les ombelles quand elles sont bien sèches : les graines tomberont et assureront toutes seules la relève de vos plantations.

Certaines **plantes aromatiques** sont assez **envahissantes** (comme la menthe), il vaut mieux les installer dans de grands pots que vous enterrerez dans vos massifs. Ainsi vous éviterez qu'elles n'étouffent les sujets plus faibles. 409

Si vous avez des touffes de **thym** qui commencent à se dégarnir de la base et à former beaucoup de bois sec, donnez-leur une deuxième jeunesse en *buttant leur pied* avec de la terre légère : de nouvelles pousses vont apparaître à la base et des racines se développeront. 410

PLANTES
COUVRE-SOL

411 Dans un jardin, il y a toujours un espace où le gazon refuse de pousser, des talus difficiles à entretenir, des petits coins entre murs et allées où il est impossible de tondre quelques brins d'herbe. Pour ces cas-là, pensez aux **plantes couvre-sol,** il y en a pour toutes les situations et cas particuliers (consultez un des nombreux livres énumérés dans la bibliographie).
Outre l'aspect de « plantes de secours », les couvre-sol *étouffent les mauvaises herbes* en formant un tapis bien dense. Donc un avantage de plus, non négligeable : plus de désherbage et plus de travail du sol en général.

412 Si vous trouvez le **tapis uniforme** de vos plantes couvre-sol un peu trop monotone, égayez-le donc avec des *bulbes* tels que narcisses, crocus, perce-neige, ail décoratif, etc., qui perceront facilement et permettront de changer le décor plusieurs fois dans l'année, à condition d'avoir choisi des bulbes pour chaque saison.

Vous cherchez une idée originale pour couvrir l'espace dénudé entre vos touffes de vivaces ou arbustes ? 413
Plantez donc une de ces merveilleuses **clématites** et laissez-la courir par terre au lieu de la palisser en plante grimpante. Elle se faufilera entre les plantes et s'épanouira car ainsi elle trouve son milieu favori : le pied à l'ombre des autres plantes et la tête bien au soleil.

Si vous avez besoin d'une plante couvre-sol qui pousse en un temps record, pensez à la **capucine grimpante** que vous laissez courir par terre. Elle empêchera le développement des mauvaises herbes et apportera des couleurs pleines de chaleur dans vos massifs. Son seul défaut, *elle attire les pucerons,* donc n'oubliez pas d'enfouir *quelques pincées de Systosec* (ou tout autre produit du commerce à action systémique absorbé par les racines) à leur pied : ainsi vous serez tranquille pour toute la saison. 414

415 **B**eaucoup de plantes au **potager** apprécient une certaine fraîcheur à leur pied (tomates, poivrons, etc.) donc l'emploi de plantes couvre-sol est tout indiqué. Dans ce but, semez un peu de *tétragone* (épinards d'été) qui s'étale rapidement et, de surcroît, est excellent pour varier vos légumes d'été.

416 **U**ne autre plante couvre-sol pour le **potager**, nettement plus envahissante que la précédente, est la *courge ou le potiron.*
Ces deux légumes couvrent à une vitesse record toute la place disponible et vous fourniront des plats délicieux.

Vous aimez les **junipérus** en plantes couvre-sol mais vous regrettez un peu qu'ils soient terriblement piquants ce qui ne facilite pas les manipulations et le désherbage. 417
Demandez donc à votre pépiniériste de vous trouver un *Microbiota decussata.* Ce conifère qui ressemble au junipérus à s'y méprendre, ne dépasse pas 15 cm de hauteur, s'étale sur environ 3 m avec les années, ne pique pas et résiste parfaitement à toutes les épreuves climatiques. Que peut-on demander de plus pour l'adopter?

Si vous voulez limiter la croissance de l'**ajuga reptans**, une couvre-sol très jolie mais assez envahissante, étalez quelques poignées de chaux à l'endroit où doit se limiter son territoire. L'ajuga n'aime pas du tout ce genre de traitement et respectera les « frontières » de son domaine. 418

PLANTES GRIMPANTES

419 **S**'il est déjà arrivé que votre **clématite** se dessèche brutalement, vous avez affaire à des *champignons* qui détruisent les tissus au niveau du collet et arrêtent ainsi la montée de la sève.
Vous pouvez encore sauver votre clématite en saupoudrant la base des tiges avec un *fongicide* et en buttant ensuite la base de la plante avec du terreau additionné d'un peu de fongicide.
Veillez à *bien ombrager le pied* de votre clématite car c'est sous l'action de la chaleur que ces champignons arrivent à se développer. Prenez aussi la précaution d'attacher solidement les tiges de votre clématite sur un tuteur ou support en plastique ou en métal (évitez le bois qui fixe le champignon) pour éviter les blessures dues au frottement par vent fort. La moindre blessure risque de donner accès à ces redoutables champignons.

420 **T**out le monde le sait (ou presque) : la **clématite** aime avoir *les pieds à l'ombre et la tête au soleil.* Au lieu de placer une tuile ou une pierre plate à son pied pour procurer de l'ombre, pensez plutôt à installer un *petit arbuste à feuillage léger* qui fera un effet plus naturel pour un résultat plus efficace.

Connaissez-vous l'**hortensia grimpant** *(Hydrangea petiolaris)* ? 421
Cette plante fera merveille pour garnir avec exubérance vos murs exposés à l'ombre, *même en plein nord.* Elle se couvre de jolies fleurs blanches en juin-juillet et reste même décorative en hiver avec ses inflorescenses desséchées. De plus, cette grimpante originale s'accroche toute

seule sur son support à la manière du lierre. Installez-la comme tous les hortensias dans une terre légère à réaction acide et surveillez les arrosages après la plantation : elle est assez gourmande en eau et vous sera reconnaissante d'un bon paillage.
Si vous cherchez une plante qui sort un peu des sentiers battus, offrez-vous une **schizophragma hydrangeoides.** Elle se cultive comme l'hortensia et allie une grande beauté à une rusticité à toute épreuve.
Idée amusante et trop peu employée : votre *Hydrangea petiolaris* se transformera en parfaite plante rampante si vous la laisser courir par terre au lieu de lui donner un support vertical.

422 Si vous avez besoin d'arracher ou de décrocher le **lierre** de votre mur, servez-vous d'un rateau scarificateur qui accroche très bien et coupe en même temps.

423 Vous avez une jeune **passiflore** qui refuse de fleurir ?
Essayez donc d'enrouler les jeunes tiges autour d'un tuteur en forme d'arceau : ce genre de *palissage* obligera votre plante à fleurir.
N'oubliez pas non plus de lui donner régulièrement un engrais riche en potasse et acide phosphorique pendant la croissance.

424 Amusez-vous à créer des effets de surprise dans votre jardin en faisant grimper un rosier dans votre vieux pommier, par exemple. Les « **rosiers-lianes** » s'y prêtent à merveille et donnent l'impression de faire fleurir votre arbre une deuxième fois.
Dans les régions aux hivers cléments, vous pouvez essayer la *passiflore* qui couvrira votre arbre de mille étoiles sans pour autant l'étouffer.
Vous pouvez aussi créer une « deuxième floraison » de vos rhododendrons et camélias en installant des *clématites* à leurs pieds. À condition de tailler la clématite sévèrement en fin d'hiver, elle fleurira en juillet-août et prolongera ainsi l'intérêt de vos massifs de rhododendrons en se faufilant avec grâce dans leurs branches.

Qui n'a pas rêvé de prendre ses repas 425
sous une **treille** ?
Cette idée sûrement très séduisante ne devra pas vous faire oublier que la vigne nécessite des *traitements phytosanitaires* très suivis et qu'il faudra donc déplacer votre salon d'été à chaque intervention. De plus, la vigne *attire les guêpes et les araignées* ; donc à vous de choisir en pesant bien les avantages et les inconvénients.
Si vous cherchez une autre option, pensez à l'*Actinidia* (kiwi) qui allie la beauté à la gourmandise. N'oubliez pas qu'il vous faut un pied mâle pour quatre pieds femelles si vous voulez obtenir une récolte de ces fruits aussi exotiques que délicieux.

Pour que votre **vigne vierge** prenne sa 426
belle couleur d'un rouge vif éclatant, en automne, il lui faut une exposition au soleil mais aussi une certaine *sécheresse du sol.*
Arrêtez donc vos arrosages fin août et laissez-la « souffrir » un peu de soif. Elle vous récompensera de ce mauvais traitement en arborant ses habits de fête...

Si vous optez pour des **plantes grimpan-** 427
tes à feuillage caduc, n'oubliez pas que votre mur risque d'avoir un aspect un peu triste pendant la mauvaise saison. Une solution consiste à investir dans un joli *treillage en bois* qui présentera un intérêt décoratif en soi et ne souffrira pas esthétiquement de l'absence de végétation.

Quand on a une maison neuve, on est 428
parfois pressé de **couvrir le plus rapidement possible un mur** disgracieux, une pergola et on risque de trouver le développement des arbustives (rosier grimpant, chèvrefeuille, bignone, etc.) un peu lent.
Déjouez donc la lenteur de leur croissance en plantant à côté *une grimpante annuelle* (capucine, cobée, ipomée, pois de senteur, haricot d'Espagne, etc.). Elle couvrira rapidement la surface disponible et cachera leur « sœur vivace » qui prendra son temps pour s'installer. Néanmoins, veillez à ce que la plante vivace ne soit pas complètement étouffée par la grimpante annuelle et surveillez les arrosages.

PLANTES DE TERRE DE BRUYÈRE

429 Vous avez sûrement des amis ou des membres de votre famille qui vous offrent des **azalées** pour décorer votre intérieur. Encouragez-les donc à vous faire cadeau d'*azalées japonaises* à la place des azalées d'Inde qui sont certes d'une très grande beauté mais assez fragiles. Les azalées japonaises peuvent être replantées au jardin après leur floraison et ainsi vous vous constituerez un magnifique tapis avec les années.
Il est bien entendu que vous transplanterez vos azalées seulement quand il n'y a plus de grands froids à craindre (elles ne résisteront pas au changement brutal de l'atmosphère douillette de l'intérieur au froid vif de l'extérieur) et vous les planterez bien sûr dans un mélange de terre acide. Après ces quelques précautions de départ, vos plantes s'acclimateront parfaitement et seront au rendez-vous à chaque printemps.

430 Si vous voulez obtenir des **hortensias** d'un joli ton bleu, vous pouvez incorporer dans la terre de l'*ardoise pilée,* du *sulfate de fer* ou encore un produit du commerce pour faire bleuir les hortensias.
N'essayez pas de faire bleuir les *hortensias d'un blanc pur :* il n'y a rien à faire, ils resteront toujours blancs.
Évitez aussi les *hortensias de couleur rose foncé.* Si vous utilisez un produit du commerce, le résultat sera décevant car les fleurs auront une couleur lie-de-vin qui n'est pas du goût de tout le monde.

431 Certains Bretons affirment que, pour obtenir des **hortensias** d'un bleu éblouissant, ils apportent des *coquilles d'huîtres broyées* au marteau à leurs plantes. En effet, cette poudre contiendrait les mêmes éléments nécessaires à la coloration en bleu des hortensias que les ardoises et elle agirait au fil des arrosages.

432 La floraison de vos **rhododendrons** laisse à désirer?
Alors, ils manquent peut-être de nourriture. En effet, les racines de ces plantes vivent en symbiose avec des champignons qui les nourrissent et dont la survie est seulement possible dans le terreau de feuilles.
Apportez donc à vos rhododendrons et azalées du *terreau enrichi* avec un engrais organique que vous faites pénétrer à proximité des racines en enfonçant les dents d'une fourche. Faites suivre d'un bon arrosage à l'eau non calcaire.

Vous voulez à tout prix des rhododendrons mais votre **sol est calcaire**? 433
Il y a toujours la possibilité de les *cultiver hors sol* dans de grands bacs remplis de terre de bruyère, mais si le travail ne vous fait pas peur, vous pouvez aussi creuser *une fosse de plantation* de 50 cm de profondeur sur 1 m minimum de largeur par pied. Tapissez le fond et les parois avec un *plastique épais* (n'oubliez pas de percer un trou de vidange au point le plus bas) et remplacez la terre calcaire enlevée par un bon mélange de terre de bruyère. Installez votre rhododendron — ou n'importe quelle autre plante de terre de bruyère — dans cette fosse ; néanmoins optez pour des espèces à développement modéré.

Les **massifs de terre de bruyère** donnent parfois, les premières années, l'impression de ne pas être bien garnis car il faut respecter des *distances de plantation assez importantes,* notamment en ce qui concerne les rhododendrons qui ne prennent leur ampleur qu'après quelques années. Bouchez donc ce « vide » avec des *impatiens* qui se plaisent particulièrement dans ce milieu et formeront très vite de larges tapis de couleur pendant tout l'été jusqu'aux gelées. 434

Remarques, observations personnelles

Remarques, observations personnelles

POTAGER

Le plaisir vient de l'acte de consommation, la joie de l'acte de création.

KONRAD LORENZ

Pour que votre potager soit un lieu de plaisir et de détente, ne visez pas trop grand, limitez-vous aux légumes faciles et cherchez des saveurs inhabituelles, des légumes introuvables au marché et, pourquoi pas, des légumes surprises qui feront l'admiration de vos invités : les courgettes rondes, les tomates cerises, les concombres blancs, les haricots violets ou des betteraves blanches, par exemple. La culture des légumes est une affaire sérieuse mais pas une affaire triste ! Et respectez cette règle d'or : ne semez jamais un paquet entier en une seule fois au risque de dégoûter votre famille à tout jamais des haricots, courgettes ou poireaux !
Le potager est une mine d'or pour les astuces et tours de main à essayer et à apprendre. Suivez-nous dans les pages suivantes où vous trouverez d'abord quelques généralités plus ou moins connues, et ensuite nous aborderons les légumes par ordre alphabétique. Amusez-vous bien dans ce monde succulent et plein de surprises !

435 Occupez toujours *la totalité de l'espace disponible* au potager pour empêcher l'invasion de mauvaises herbes dans les planches libres. Si vous avez des planches non cultivées, pensez à semer un **engrais vert** à croissance rapide (par exemple, moutarde). Par la suite, au moment de vos nouveaux semis, il suffit de faucher votre engrais vert et de l'incorporer au sol par un griffage.

• Voir aussi les astuces 166, 167 et 168, chapitre « Engrais et amendements ».

436 Pour entretenir votre potager sans courbatures ni acrobaties prévoyez des **planches de culture** qui n'excèdent pas la *longueur d'un outil* ou deux longueurs si vous avez accès de chaque côté. Votre travail en sera nettement facilité.

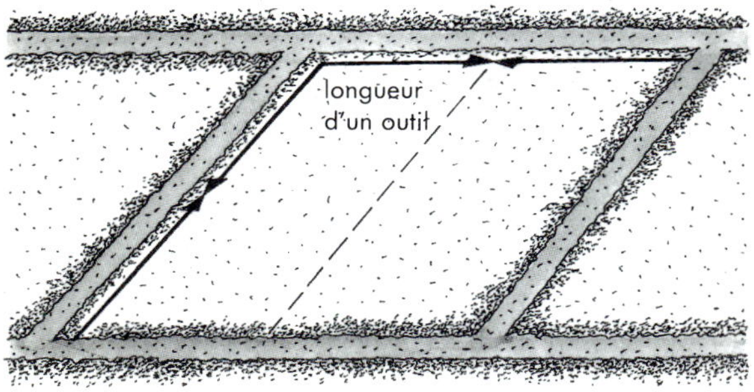

437 Limitez les **travaux d'entretien** de votre potager (binages, arrosages, désherbages) en profitant au maximum des bienfaits du **paillage.** Il y a bien sûr les films plastiques qui couvrent bien le sol mais pensez surtout à la paille, l'écorce broyée, le gazon, etc., qui, par la suite, peuvent être enfouis dans la terre et contribuer ainsi à la fertilisation.

• Voir aussi le chapitre « Paillage ».

438 Une jolie petite **bordure** donne toujours une certaine netteté au plus petit potager. Autrefois on utilisait *le buis* dans ce but, certes très beau mais lent à pousser et assez astreignant pour un entretien correct (deux tailles par an).
Avez-vous déjà pensé que de l'oseille pourpre, des laitues, de la poirée à côtes rouges, des céleris dorés, des choux frisés ou des fraisiers joliment alignés pourraient très bien servir de bordure qui sera aussi originale que succulente ?
Ou, plus classique, faites appel à *toute la gamme des herbes condimentaires* qui se prêtent à merveille à une plantation en alignement (persil, ciboulette, sauge, thym, etc.). Vous n'aurez que l'embarras du choix.

439 Quelques conseils au sujet des petits envahisseurs au potager (vous trouverez d'autres conseils, plus spécifiques à chaque plante, dans les chapitres qui les concernent.)
Dans les endroits où pullulent les **forficules** (plus connus sous le nom de « perce-oreille »), posez un *carton ondulé.* Il suffit de les ramasser le matin pour les détruire : brûlez-les avec le carton.

440 Plantez par endroits dans votre potager quelques touffes de *plantes odoriférantes* telles que l'absinthe, la sauge, le thym ou la sarriette : leur forte odeur éloigne les **pucerons** de vos cultures.

441 L'année du vol du **hanneton**, mettez une boule de *naphtaline* tous les mètres sur le sol pour protéger vos cultures.
La naphtaline a aussi la propriété d'éloigner les chats de vos cultures.

• Voir aussi l'astuce 16, chapitre « Animaux ».

442 Les *œillets d'Inde* ont une « sève nématicide » par les sécrétions racinaires. Ils possèdent ainsi la propriété d'attirer et de détruire les **nématodes** (vers microscopiques). Protégez-vous donc de ces parasites en plantant quelques touffes de ces fleurs dans vos parcelles de légumes quelques semaines avant les semis pour qu'elles présentent un système radiculaire bien développé. C'est aussi efficace que joli : essayez une petite bordure dorée d'œillets devant des betteraves rouges, un vrai feu d'artifice !
Les Tagetes (œillets d'Inde) éloignent également les *mouches blanches* (aleurodes) qui s'attaquent aux tomates, poivrons ou concombres.

443 
Pour éviter les ennuis avec les **parasites du sol** qui détruisent vos cultures (vers blanc et gris, courtilières, etc.), traitez le sol en fin d'hiver avec un *insecticide-désinfectant* du commerce. Cela vous demandera quelques dizaines de minutes de travail préventif et vous serez ensuite tranquille pour toute une saison.

444 Certaines plantes ont un meilleur développement quand elles sont placées côte à côte, mais le contraire peut arriver aussi, bien sûr. Voici quelques cas bien connus :
Plantes compatibles (à planter en lignes intercallées ou en proximité de culture) :

Betteraves	oignons, céleris.
Carottes..........	oignons, poireaux, haricots, laitues, radis.
Céleris	betteraves, poireaux, haricots, choux de Chine.
Choux	haricots, laitues, tomates, céleris.
Choux-raves ...	betteraves, salades.
Cornichons	haricots, petits pois.
Courges	haricots, salades.
Épinards	haricots, oignons
Fraisiers	haricots, laitues.
Haricots	carottes, poireaux, persil, céleris, choux.
Navets	laitues, petits pois.
Oignons	betteraves, carottes, laitues, épinards.
Petits pois	carottes, poireaux, betteraves, laitues, cornichons, navets, radis.
Persil	poireaux, tomates.
Poireaux	carottes, céleris, salades, tomates.
Salades	carottes, fraisiers, céleris, navets, radis.
Tomates	persil, choux, poireaux, radis.

Plantes incompatibles (évitez de planter en cultures intercalées ou rapprochées) :

Ail, oignons ...	haricots, petits pois.
Choux	radis.
Cornichons	tomates.
Fenouil	haricots nains.
Haricots	oignons, ail, échalotes, tomates
Petits pois	ail, oignons, échalotes, persil.
Radis	choux.
Radis noirs	oignons.
Tomates	cornichons, haricots, pommes de terre.

Finalement, souvent ces associations sont simplement défavorables parce qu'elles sont contraires aux principes de rotation des cultures qui est la règle d'or des cultures potagères.

• Voir à ce sujet l'astuce 446.

445 Savez-vous que les Incas pratiquaient déjà l'**association bénéfique de végétaux** ?
Ils semaient du *maïs* et lorsque celui-ci atteignait environ 25 cm de hauteur, ils faisaient un semis de *haricots à rames* autour de chaque pied de maïs qui leur servait ainsi de support. Entre les lignes de maïs ils plantaient des pieds de *potiron* qui, en couvrant le sol avec ses larges feuilles, conservaient l'humidité et empêchaient les mauvaises herbes de pousser.
Ce genre de culture est toujours pratiquée en Amérique du Sud, donc pourquoi ne pas l'essayer chez vous si vous disposez de suffisamment de place ?

446 Brièvement un petit rappel de cette règle d'or de la **rotation des cultures potagères.**
Cette rotation est nécessaire parce que :
— les plantes ne prélèvent pas toutes les mêmes éléments ;
— les plantes n'épuisent pas toutes les couches du sol à la même profondeur ;

— chaque espèce a des parasites et maladies particulières, donc le risque diminue si elles ne retrouvent pas sur la même planche leurs hôtes préférés.
Divisez votre potager en *trois carrés* comprenant chacun *un type de légumes différents.* La rotation se fait sur trois années, c'est-à-dire chaque carré recevra à tour de rôle une fumure organique (fumier de ferme ou de commerce) mais chaque année se fera un apport d'engrais phospho-potassique.
Sur le carré qui a reçu l'apport de fumier vous planterez **la première année les foliacées** qui aiment une fumure organique récente (épinards, laitues, poirée, choux pommés ainsi que tomates, aubergines, piments, pommes de terre).
La **deuxième année**, vous planterez sur ce même carré les **plantes à bulbes ou racines** qui ont besoin de fumures organiques décomposées (betteraves, navets, radis, carottes, ail, oignons, chou-rave, céleri-rave, etc., ainsi que les choux de Bruxelles).
La **troisième année** vous cultiverez **les légumineuses** qui ne réclament pas de fumure organique (pois, haricots, fèves, etc.) ainsi que concombres, cornichons, courges, melons.

AIL

447 L'ail se *conservera mieux* si vous déchaussez les bulbes deux semaines avant la **récolte**, c'est-à-dire quand les tiges commencent à jaunir.

ARTICHAUT

448 Vous pouvez profiter d'une **seconde récolte** d'artichauts au mois de septembre si vous *coupez toutes les tiges qui viennent de fructifier* et apportez un *arrosage fertilisant* pour stimuler la production. Ajoutez environ 100 g de fumier pour 10 litres d'eau et arrosez après un bon binage.

449 Afin d'obtenir des **têtes d'artichaut grosses et bien tendres,** faites comme les vieux jardiniers du pays : *incisez la tige* quelques centimètres au-dessous du capitule et introduisez-y un petit morceau de bois ou tout autre moyen pour garder cette fente ouverte.
Et pour la « tendresse » des têtes, *coiffez chaque capitule* d'un morceau de tissu noir pendant environ dix jours : votre récolte fera des envieux !

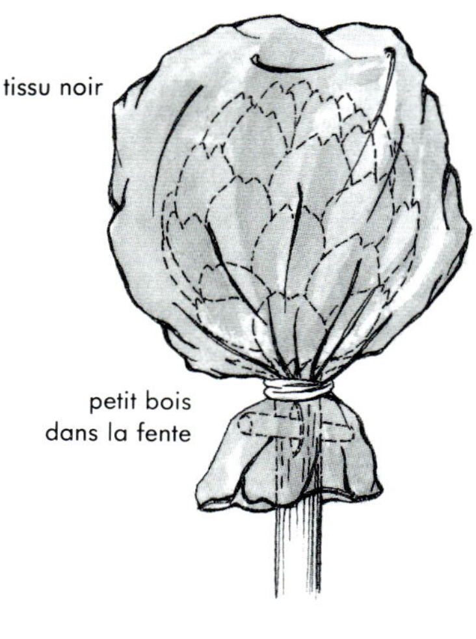

450 Savez-vous que les artichauts produisent des **fleurs** de toute beauté qui feront merveille dans un bouquet sec ?
Donc, « oubliez » de récolter deux ou trois têtes, vous vous en réjouirez tout l'hiver.

CAROTTE

451 Une vieille astuce de jardinier dit qu'il faut planter *les carottes à côté des oignons* ou des poireaux pour les protéger contre l'attaque de la **mouche.**
Encore faut-il savoir qu'oignons ou poireaux doivent déjà être en pleine végétation car c'est *l'odeur aliacée* qui agit vis-à-vis des insectes. Donc, il faut s'organiser pour semer les oignons et poireaux au moins quinze jours avant les carottes.
Le taux d'élimination de parasites est de 70 % environ si vous avez respecté cette précaution. Vous pouvez encore le renforcer en mélangeant vos graines de carottes avec des *produits répulsifs* pour la mouche de la carotte tels que le poivre, ou, si vous avez la possibilité d'en récupérer, la suie de charbon (à l'exclusion impérative d'autres suies).

452 Protégez vos carottes contre les **araignées rouges** en plantant des *radis* en lignes intercalaires : les araignées rouges détestent leur odeur.

453 Pour éloigner les **courtilières** (appelées usuellement « taupes-grillons ») de votre semis de carottes, mélangez celui-ci avec du *marc de café* dont l'odeur présente un excellent répulsif et sert d'engrais en même temps.

454 Voici une règle simple pour s'y retrouver parmi les nombreuses **variétés de carottes** que l'on vous propose chez le grainetier :
— plus la carotte a une *racine courte et dodue,* plus vite elle poussera mais, en revanche, elle se conservera moins bien ;
— inversement, plus une carotte présente une *racine allongée et lourde,* plus elle sera lente à pousser mais cette variété est la meilleure pour la conservation.

CÉLERI

455 Pour **blanchir les céleris-branches,** il y a plusieurs possibilités aussi simples qu'efficaces :
— entourez les branches avec du *carton ondulé* ou une *feuille de plastique noir* que vous maintenez avec un lien en haut et en bas ;
— ou glissez un petit bout de *drain en PVC annelé* de très gros diamètre autour de vos plantes.
La récolte peut se faire environ trois semaines plus tard.

456 Au moment de la récolte de vos **céleris-raves,** *replantez quelques collets* après le décolletage. Ils s'enracineront sans problème, passeront très bien l'hiver et vous fourniront des branches de céleri jusqu'à leur montée en graine. C'est un moyen bien agréable pour parfumer vos potages en hiver.

CHICORÉE

457 Pour **blanchir vos chicorées,** posez un *objet opaque* sur vos salades. Tout est bon, à condition d'offrir une couverture suffisante : assiette, planche posée sur des pots en terre, boîte, cageot, etc.

Cette méthode évite les risques de pourriture en préservant les cœurs de salades des pluies et si vous optez pour les boîtes ou cageots, ceux-ci présentent en même temps une bonne protection contre le froid hivernal.

CHOU

458 Quelques conseils pour la réussite de la **culture des choux.**
Ne faites pas de travail inutile en béchant la terre qui est destinée à la culture des choux : ceux-ci ont besoin d'un *sol ferme.*
Lors du *repiquage,* enterrez le plus possible la tige du jeune plant : des racines supplémentaires se développeront sur celle-ci, lui permettant de croître plus vigoureusement tout en diminuant le risque que la plante ne se couche en grossissant.
Évitez aussi de trop retarder le moment du repiquage : dès que les plants ont plus de sept feuilles ils reprennent assez lentement.

459 Vous voulez assurer la bonne **reprise de vos choux** quelle que soit la canicule : plongez les racines de vos plants dans un *mélange de boue diluée avec de la bouse de vache.* Ainsi vous éviterez le dessèchement des racines après le repiquage.
De plus, si vous rajoutez *une poignée de chaux* à la boue de pralinage, vous lutterez efficacement contre le développement de la *hernie du choux,* cette maladie qui se manifeste surtout dans les sols trop acides.

• Voir aussi l'astuce 286, chapitre « Maladies des plantes ».

460 Pour éviter que la pluie et les gelées prolongées n'endommagent vos **carrés de choux d'hiver,** appliquez ce vieux truc de jardinage : *déchaussez vos choux et inclinez leur pomme vers le nord.* Pour ce faire, retirez une pelletée de terre au pied de chaque chou, côté nord. Ensuite, inclinez-le doucement dans la petite fosse pratiquée par l'enlèvement de la terre et maintenez-le en place en le recouvrant de nouveau de la terre de déblai.

Après la **récolte de vos choux,** n'arrachez pas tout de suite les racines sauf si vous avez besoin de place pour d'autres plantations. *Incisez en forme de croix la tige* sur une profondeur de 10 à 13 mm et bientôt vous verrez apparaître de petits choux tout tendres prêts à être consommés. La même chose peut être pratiquée avec les *salades* (chicorées, batavias) qui fourniront de jeunes salades à couper ensuite. **461**

Nombreux sont les échecs de culture des **choux de Bruxelles,** simplement parce que l'on voulait trop bien faire et qu'on les a plantés dans une terre très riche comme cela est conseillé pour les autres variétés de choux. **462**
Contrairement aux autres membres de leur famille, les choux de Bruxelles se contentent d'une *terre ordinaire, voire pauvre en azote,* sinon ils n'arrivent pas à former leurs pommes.

• Voir aussi les astuces 446 (Rotation des cultures) et 495 (Pomme de terre).

Pour protéger la pomme du **chou-fleur** des rayons du soleil, brisez la nervure principale des plus grandes feuilles qui l'entourent et *rabattez-les ensuite sur la pomme.* Ainsi vous conserverez à vos choux-fleurs la blancheur et la finesse des grains. **463**

464 Si plusieurs **choux-fleurs** arrivent à maturité en même temps, vous pouvez les *conserver temporairement* en les suspendant par la tige dans un endroit frais, tout de suite après l'arrachage.

465 Afin d'empêcher la **mouche du chou** de pondre au pied de la plante, posez un *collet en plastique noir* autour du pied juste après le repiquage.
Autre précaution à prendre : ne repiquez pas vos jeunes plants au mois de *mai* qui est justement le moment de la ponte des mouches.

466 Voici plusieurs moyens de lutte contre la **piéride du chou,** ce joli papillon blanc dont les chenilles font tant de dégâts dans les cultures :
— vous pouvez éloigner la piéride par l'*association de céleris ou de tomates* ainsi que l'*hysope,* une délicieuse plante aromatique qui, de surcroît, égaiera votre planche de choux avec ses jolies fleurs bleues ;
— une autre astuce consiste à piquer des *branches de genêt* entre vos choux ;
— ou encore, plantez une *haie de tournesol* au fond de votre potager ou avec vos arbres fruitiers : cela attirera les *mésanges* qui déclareront en même temps la guerre aux piérides.
Si vous associez plusieurs de ces protections écologiques, vous pouvez être sûr que vos cultures resteront à l'abri de l'invasion de ces redoutables parasites... et les piérides iront s'abattre sur un jardin du voisinage !...

467 Luttez contre les **pucerons du chou** en plantant des « *belles de jour* » à proximité de vos cultures. Ces jolies fleurs sont réputées pour attirer les *syrphes* (mouche qui ressemble à une petite guêpe) à des lieues à la ronde et celles-ci en profiteront pour détruire les pucerons.

468 Pour défendre les choux contre les **altises** (coléoptères qui abîment les cultures de choux), posez sous vos choux des *planches engluées de miel.* Leur gourmandise leur sera fatale et il suffira de les ramasser après.

CONCOMBRE

469 Pour **gagner de la place,** vous pouvez palisser les concombres et les cornichons sur un *grillage ou sur un filet* maintenu entre des piquets. Ces légumes supportent très bien cette « culture verticale », ils ne courent pas de danger de pourriture car ils ne sont pas en contact avec le sol et ainsi vous pouvez vous permettre d'en accueillir même dans le plus petit potager. Vous hésitez encore après l'énumération de tous ces avantages ?

470 Si vous constatez que vos concombres ont un **goût** plus ou moins **amer**, n'accusez pas tout de suite votre fournisseur ou la variété. Probablement vous avez arrosé vos plants avec de *l'eau trop froide,* chose que détestent les concombres qui vous « punissent » en développant des substances amères.

COURGE
COURGETTE

471 Les gros légumes comme les courges, potirons, concombres, etc., pourrissent parfois dans les **jardins humides** parce qu'ils sont en contact avec le sol.
Afin d'éviter des pertes dues à l'humidité stagnante, posez donc le fruit sur un *cageot, une plaque de verre ou de plastique,* surélevé par deux briques, des pierres ou des pots en terre.

- Voir aussi les astuces 469 et 484.

472 Avez-vous déjà essayé de planter vos légumes d'été (courgettes, concombres, aubergines) directement sur votre **tas de compost**, comme cela se pratique un peu partout dans les pays germaniques ?
Le compost est un excellent support de culture pour ces légumes car il assure une terre parfaitement drainée et riche en fertilisants avec, en plus, une certaine chaleur de fond.
Si vous *paillez avec du plastique noir,* vous mettez vos plants à l'abri des mauvaises herbes qui germent généralement si bien sur le compost et, de surcroît vous assurez à vos légumes une certaine fraîcheur au pied, chose qu'ils apprécient beaucoup.

ÉPINARD

473 Ne semez pas vos épinards en plein été : la **chaleur** fera monter les plantes en graine.
Préférez plutôt la *tétragone* qui ne monte pas et est tout aussi savoureuse. Et si vous tenez absolument à récolter des épinards en été, prenez au moins la précaution de les semer *à l'ombre.* Réservez-leur une petite place entre de grandes plantes telles qu'artichauts ou choux.

474 Éviter de **semer** les épinards *après ou avant les betteraves* car ce sont des plantes de la même famille et elles ont donc les mêmes exigences en éléments fertilisants. De plus elles ont des ennemis communs : la mouche de la betterave risque aussi de s'attaquer aux épinards.

FRAISIER

475 Pour épargner à vos fraisiers l'**humidité hivernale** qui risque de les détruire (notamment dans les terres lourdes), plantez-les en *billons,* c'est-à-dire sur des rangées de terre surélevées par rapport au niveau du sol. Le drainage est ainsi assuré. Au contraire, surveillez bien vos arrosages en été sinon vos fraisiers risquent de souffrir de la sécheresse.
La même méthode peut être appliquée à la culture de *l'ail et de l'échalote* en sols humides.

476 Tout le monde connaît la plantation de fraisiers sur une feuille de plastique noir. Mais avez-vous déjà entendu parler d'un **paillage** fait avec des *fleurs d'hortensias* qui ont séché sur pied ?
C'est une idée aussi originale qu'efficace car ce genre de paillage est très léger, aéré, ne pourrit pas et protège de jolie façon les fruits de vos fraisiers de la terre mouillée. À réserver, bien sûr, pour les régions où les hortensias poussent en abondance.
Pour ce qui concerne la classique feuille de plastique noir, portez votre choix vers les *films perforés* sinon l'eau ne pénètrera pas et il se formera de véritables flaques d'eau après chaque pluie avec, comme conséquence, la pourriture grise de vos fraisiers. Si votre plastique n'est pas préperforé, munissez-vous d'un plantoir ou d'une petite fourche pour effectuer les trous.

477 Si vos plus belles fraises sont régulièrement mangées par les *oiseaux,* il ne reste qu'à installer des **filets de protection.**
Dans ce but, plantez des piquets de bois dans la terre, posez par-dessus un pot de confiture renversé et ensuite tendez le filet que vous maintenez par terre soit avec des pierres ou, encore plus astucieux, avec des *crochets de tente.*

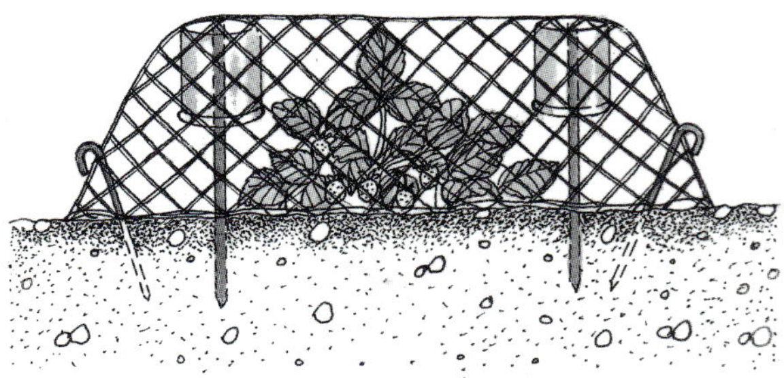

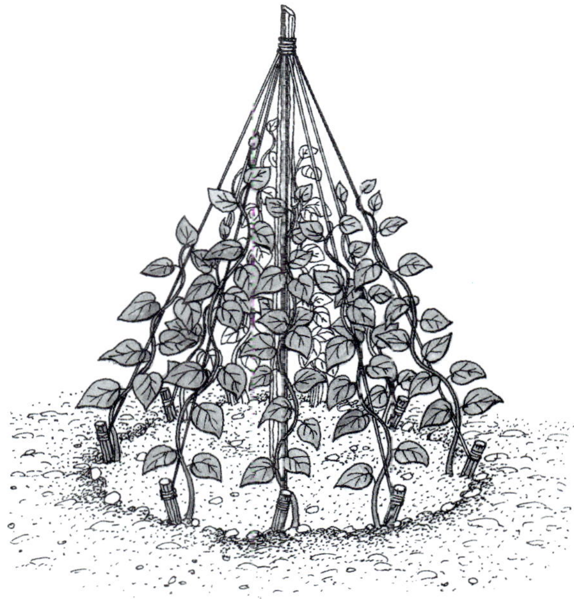

478 Les haricots et pois à grande végétation ont besoin d'un **support pour s'accrocher.** Bien sûr, il y a des filets à ramer, des brindilles de bois, mais avez-vous déjà pensé à utiliser simplement du *grillage à poules* tendu entre deux piquets ?
Celui-ci a le grand avantage de faciliter le nettoyage une fois que la culture est achevée : vous roulez le grillage avec les plantes desséchées et passez le tout *au feu.* Votre grillage sera ainsi parfaitement propre sans effort et attendra roulé tel quel l'année prochaine.

479 Une autre manière originale pour **tuteurer** les haricots à ramer, consiste à poser un *poteau central* d'environ 2 m sur lequel vous fixez des *cordages* qui descendent en formant un cercle d'environ 1,5 m de diamètre autour du poteau.
Attachez les cordes par terre sur des petits piquets en bois ou des piquets de tente qui présentent une bonne résistance.

480 Si vous avez fait tremper vos graines de haricot avant leur **semis** afin de faciliter la levée, ne les semez surtout pas dans un sol sec. *Arrosez bien la terre* auparavant sinon les graines mourront inévitablement.
N'oubliez pas non plus que les graines de haricot nécessitent une *température du sol* d'au moins 10 à 12 °C (c'est la température du sol qui compte et pas celle de l'air) sinon elles ne peuvent pas germer correctement et finissent par pourrir dans le sol.

LAITUE

481 Avez-vous déjà essayé la culture des **laitues à couper** (variété « Salad Bowl », par exemple) ?
Ces laitues ne forment pas de pommes et vous coupez leur feuillage tendre dès qu'il s'est formé. Donc, c'est un légume intéressant par son *rendement à délai assez bref et de très longue durée :* pratiquement jusqu'aux gelées à condition de couper leur feuillage très régulièrement (même si vous n'en avez pas besoin). Ainsi vous aurez des repousses toujours jeunes et tendres et, de surcroît, il y a peu de risques qu'elles montent en graine.

482 Vous avez probablement tous fait l'expérience : dès que les **chaleurs** arrivent, les laitues (ou n'importe quelle autre salade) montent en graine. Prenez donc la précaution de repiquer vos plants *à l'ombre de grands légumes* (haricots, tomates, artichauts, petits pois, etc.).
N'oubliez pas non plus d'*arroser vos salades immédiatement après un orage.* C'est le seul moyen de diminuer le risque de montée.

N'essayez pas de trop bien nourrir vos salades : un **excès d'azote** *empêchera leur pommaison.* **483**
Il en sera de même si vous semez trop tôt au printemps vos laitues d'été qui ainsi n'arriveront pas à former une jolie pomme prometteuse. Donc ne vous précipitez pas.

MELON

484 Essayez un truc couramment utilisé par les vieux jardiniers qui permet la culture du melon même dans les régions moins favorisées en soleil et chaleur.
Posez vos melons ainsi que les potirons sur une *large tuile ou un carreau de terre cuite,* cela leur fera l'effet d'un **chauffage solaire** qui sera très apprécié par vos fruits. En effet, ces matériaux absorberont la chaleur durant la journée pour la restituer pendant la nuit pour le plus grand bien de vos fruits. De plus, vous éliminez les risques de pourriture en les éloignant de l'humidité du sol.
Vous pouvez essayer le même genre de procédé avec vos jeunes plants de *tomates* qui souffrent parfois de températures trop fraîches à leur goût. Posez une tuile faîtière debout, légèrement enfoncée dans le sol, du côté le plus exposé aux vents desséchants ou à la fraîcheur nocturne. Comme pour les melons, vos tomates profiteront de ce chauffage solaire et traverseront mieux les premières semaines de leur croissance.

OIGNON

485 L'oignon, l'échalote et l'ail sont souvent sujets aux **pourritures** qui risquent d'anéantir tous vos efforts. Pour éviter ce genre d'accident, préparez un mélange de deux cuillères à soupe d'eau et autant d'un produit à *base de thirame* dans un sac plastique ou une petite cuvette. Laissez vos bulbes bien s'enrober de ce mélange et plantez immédiatement après.

486 Peut-être, par erreur, avez-vous cultivé vos oignons dans une **terre trop fertile** qui entrave le grossissement des bulbes. Dans ce cas, repiquez *des laitues* entre les rangs d'oignons : les plantes foliacées *prélèvent l'excès d'azote* dans le sol et rétablissent ainsi l'équilibre nutritif favorable aux oignons.

PETITS POIS

487 Pour la **culture** de vos petits pois, réservez un carré que vous n'avez pas fumé depuis au moins un an car ayant eux-mêmes *la faculté de fixer l'azote de l'air dans le sol,* les pois (comme toutes les légumineuses) redoutent les sols trop riches en azote. Donc, n'abusez pas des bonnes choses et réservez les carrés récemment fumés à vos plantes gourmandes (épinards, choux, etc.).

- Voir aussi l'astuce 446 (Rotation des cultures).

488 Les meilleures **rames** pour vos petits pois sont les *jeunes rameaux de châtaignier ou noisetier* qui ont beaucoup de petites brindilles permettant aux plantes de s'y accrocher facilement. Profitez donc d'une petite promenade dans les bois pour en rapporter suffisamment pour passer la saison.

489 Profitez de l'**ombre** que portent vos petits pois à rames pour y cultiver *épinards, navets, radis ou salades* qui apprécieront un peu de fraîcheur pendant la canicule estivale.

490 Vous avez des problèmes avec les **oiseaux** ou les souris qui dégustent et déterrent vos petits pois qui viennent d'être semés?
Pensez donc à enrober vos petits pois d'une *poudre de minium* avant le semis ou plongez-les dans un *bain de pétrole ou de paraffine fondue.* Cela ne leur donnera aucun goût secondaire et protégera efficacement vos graines.

POIREAU

491 Associez vos poireaux à des épinards, laitues, céleris, radis, navets et surtout des carottes. Cela aura pour effet d'éloigner à la fois la **teigne du poireau** et la mouche de la carotte.
Pour un maximum d'efficacité dans cette lutte écologique, respectez bien quelques conseils supplémentaires: utilisez une variété de carotte tardive *à grand feuillage* (c'est l'odeur aromatique du feuillage qui éloigne les papillons) et semez en lignes doubles en alternant avec les lignes de poireaux.
De plus, pour une bonne protection de vos poireaux, il faut semer les carottes *deux ou trois semaines avant le repiquage* des poireaux.

- Voir aussi l'astuce 451 (Carotte).

492 Si, malgré toutes vos précautions, vos poireaux sont attaqués par les **vers**, *supprimez toutes leurs feuilles* et brûlez-les. C'est d'ailleurs le procédé utilisé dans les «potagers écologiques». On coupe périodiquement les feuilles et l'on empêche ainsi ces parasites de s'installer. Cela ne diminue pas la croissance des poireaux à condition de *bien arroser* après cette «taille en vert»: en moins de 15 jours les plantes auront de nouveau un feuillage parfaitement sain.

493 Évitez d'apporter de l'**engrais** à vos poireaux après la fin septembre, car cela rendra les légumes plus *sensibles au froid hivernal* et compromettra leur bonne conservation. En effet, les engrais azotés favorisent la croissance des tissus tendres, donc extrêmement sensibles au moindre gel.
La seule exception est l'apport de «Patentkali».

- Voir l'astuce 514 (Protection contre le froid).

494 Si vous craignez de **fortes gelées** hivernales, mettez un lit épais de *feuilles sèches ou de paille* autour de vos poireaux: la terre ne sera pas durcie par le gel et vous n'aurez pas de problème pour arracher vos poireaux par grand froid.

- Voir aussi l'astuce 540 (Récolte des carottes).

POMME DE TERRE

495 Associez **la culture** de pommes de terre et de *choux de Bruxelles* (une ligne sur deux). Ainsi vous écartez obligatoirement les lignes de pomme de terre, ce qui augmente leur rendement et les choux de Bruxelles pousseront très lentement car les tubercules auront prélevé *l'excès d'azote.* Donc cela présente un terrain favorable pour la formation de rosettes bien fermes de choux de Bruxelles.

- Voir aussi l'astuce 462 (Chou).

496 Voici une autre **association** intéressante. Dès que vous avez butté vos pommes de terre précoces, semez des *haricots* entre les rangs. Ainsi la terre sera bien occupée jusqu'en septembre et, servant de *couvre-sol,* ces derniers chasseront les mauvaises herbes.

497 Savez-vous que la pomme de terre fabrique une *substance toxique* (la solanine) quand elle est **exposée** trop longtemps **à la lumière**? Donc, il est impératif de rentrer les tubercules que vous avez récoltés dès qu'ils se sont ressuyés et au plus tard quelques heures après l'arrachage.

RADIS

498 **S**emez **les radis** *avec des cultures à germination lente* (par exemple, les carottes). Les radis levant très vite, vous repérerez sans problème la ligne du semis et cela vous permettra de biner entre les sillons. Autre avantage : la corvée d'éclaircissage est nettement diminuée.

499 **L**es radis ont tendance à se durcir et à devenir creux sous la **chaleur de l'été.** Un moyen simple de leur procurer un peu d'ombre consiste à les semer *au pied de plantes à grand développement* (tomates, petits pois, etc.) et, surtout, n'oubliez pas de les arroser très régulièrement.
Une autre méthode consiste à pailler vos jeunes radis avec une bonne couche de paille sèche qui leur procurera un peu de fraîcheur.

Certains aiment les **radis bien piquants** 500
mais n'obtiennent que des récoltes de radis très doux et parfois creux à l'intérieur. Essayez donc de les cultiver sur une *terre maigre* (sans engrais), fortement durcie et surtout sans les associer à d'autres plantes. Tenez la terre humide mais sans les arroser journellement. C'est avec les *variétés rondes à chair pleine* que vous obtiendrez les meilleurs résultats.
Pour les amateurs de radis doux, il suffit de faire le contraire des conseils donnés.

TOMATE

501 **S**i vous habitez une zone exposée aux **vents,** prenez la précaution de *butter les pieds* de vos tomates sur quelques centimètres. Ainsi elles développeront des racines supplémentaires qui permettront aux plants de mieux s'ancrer au sol et de résister aux assauts du vent. Vous pouvez aussi prendre vos précautions au moment de la plantation, en enterrant vos jeunes plants profondément, jusqu'aux premières feuilles.

502 **U**ne astuce pour les jardiniers qui habitent une région à grande chaleur estivale.
Afin de maintenir une **bonne humidité** au pied de vos tomates, vous pouvez les *relier en forme de « tente indienne »* après avoir creusé une *petite tranchée ou cuvette centrale* que vous maintenez remplie d'eau ou du moins très humide.
Et si, en plus, vous complétez par un bon *paillage,* d'excellentes récoltes sont garanties.

Voici une solution écologique pour lutter 503
contre le **mildiou** et les **nématodes** de la tomate. Repiquez entre chaque pied de tomate un pied d'*œillet d'Inde* (action antinématode par le fait que les racines contiennent des substances toxiques qui attirent les vers microscopiques) et tous les deux pieds de tomate, semez la *capucine naine* qui a fait ses preuves comme *plante anti-mildiou.*
Cette technique est aussi jolie qu'efficace et vous évitera des traitements répétitifs.

- Voir aussi l'astuce 442 (Nématodes).

Autre astuce pour lutter contre le **mildiou** 504
de la tomate en évitant les traitements répétitifs : enfoncez simplement un *petit fil de cuivre* dans les tiges de vos plantes.

Vous aimez peut-être les tomates mais 505
vous hésitez à en planter par crainte de l'entretien suivi qu'elles réclament (tailles, traitements, etc.) ?
Connaissez-vous les **tomates-cerises,** ces délicieuses petites tomates qui n'ont pas besoin d'être taillées, résistent bien aux maladies et, en plus, sont fort originales ?
C'est donc la plante idéale pour tous les jardiniers inexpérimentés ou simplement paresseux.

PROTECTION DES PLANTES

Prévenir vaut mieux que guérir.

Nous avons tous succombé un jour ou l'autre à la tentation d'acclimater chez nous des plantes qui avaient une résistance trop faible au vent, au froid ou même au soleil.
Une fois que notre « petite folie » est installée à la place qui lui est destinée (mais qui ne correspond pas vraiment à ses exigences climatiques), prenons au moins les précautions nécessaires pour la protéger et lui assurer les meilleures conditions possibles.
Dans les pages suivantes, vous trouverez un tas de conseils que vous pouvez adapter selon vos besoins particuliers. Néanmoins, j'insiste sur le fait qu'il ne faut pas « violer » la nature. Exploitez et découvrez plutôt la richesse de la faune régionale avant de vous lancer dans la plantation de plantes fragiles, car mal adaptées aux conditions qu'on leur impose, généralement c'est une aventure éphémère. Trop de plantes de toute beauté et parfaitement adaptées aux situations particulières tombent dans l'oubli par manque d'imagination, de curiosité et de recherche personnelle.

PROTECTION CONTRE LE VENT

506 Si vous créez un nouveau jardin à un endroit très exposé aux vents, ne faites pas entrer le bulldozzer sur le terrain pour le défricher complètement.
Conservez un maximum de sujets à **végétation spontanée** (ajoncs, chênes verts, saules, bruyères, etc.) qui serviront de *protection naturelle* pour vos nouvelles plantations. Au fur et à mesure que vos plantes montrent une bonne reprise, vous pouvez supprimer les végétaux indésirables et les remplacer par des sujets de plus grande valeur ornementale.

507 Une des meilleures protections que l'on peut trouver actuellement contre le vent : les **filets brise-vent** Nortène. Au lieu d'arrêter le vent brusquement ce qui crée des remous, ces filets *filtrent le vent* et sont donc un complément précieux de vos plantations brise-vent, au moins le temps que les végétaux s'installent et créent un écran naturel.

Un moyen astucieux pour utiliser la *terre de déblai* et se protéger du vent en même temps : créez un **talus** avec la terre de déblai sur le côté le plus exposé au vent et faites-y des plantations d'arbres et d'arbustes qui augmenteront l'efficacité de cet obstacle naturel aux vents. Derrière ce « mur vert » se créera un véritable microclimat propice à l'installation de plantes un peu plus fragiles. 508

Pour les propriétaires de **terrains en bord de mer**, se posent souvent le problème de se *protéger contre le sable* qui, poussé par le vent, envahit rapidement les jardins. Avant de procéder aux plantations d'arbres et d'arbustes, il faut déjà fixer les *dunes* sinon vos jeunes plantations ne résisteront pas aux attaques permanentes des grains de sable. Dans ce but, une des meilleures plantes est *l'oyat*. 509
Voici une astuce pour qu'il pousse rapidement et s'installe en un temps record : enfoncez avec la

lame d'une bêche des gerbes de paille d'une longueur d'un mètre environ entre les rangs d'oyats. Ces « bouchons » de paille protégeront vos jeunes plants.

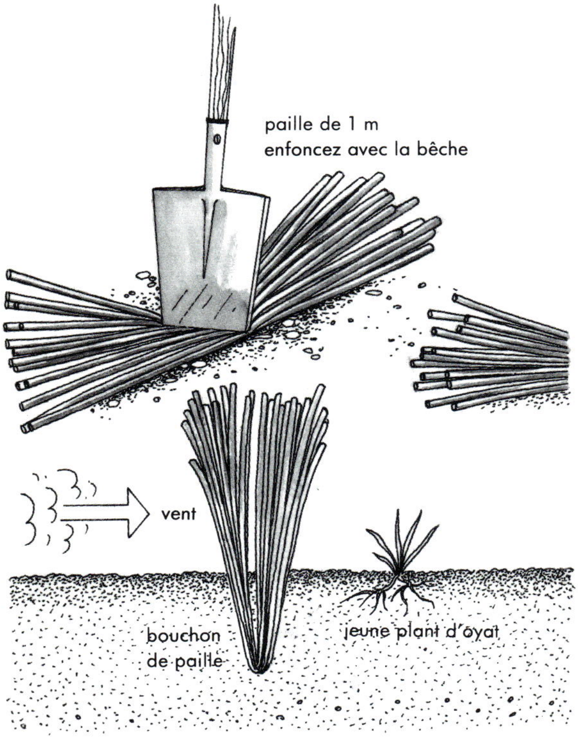

Une fois que la dune est bien fixée, plantez de jeunes arbustes qui doivent servir de haie brise-vent. Procédez de la même manière qu'indiquée plus haut mais cette fois-ci en installant *des branchages* autour de votre jeune plant. Vous les enlèverez dès que vos arbustes manifesteront les signes d'une bonne reprise.
D'ailleurs, cette technique est bien sûr aussi parfaitement valable pour tous les jardins exposés en dehors du littoral.

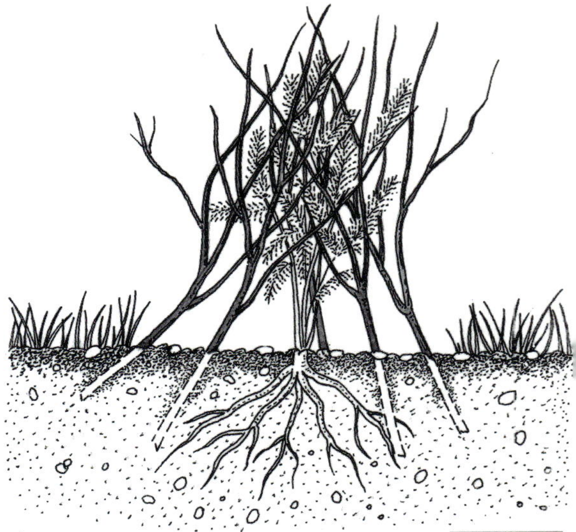

510 Afin de protéger vos jeunes **arbustes à feuillage persistant** contre le vent glacé de l'hiver, *liez toutes les branches ensemble,* le plus serré possible. Ainsi elles présenteront beaucoup moins de prise au vent et même si les bourgeons situés à l'extérieur en souffrent, les bourgeons à l'intérieur de la touffe repartiront sans dommage au printemps.

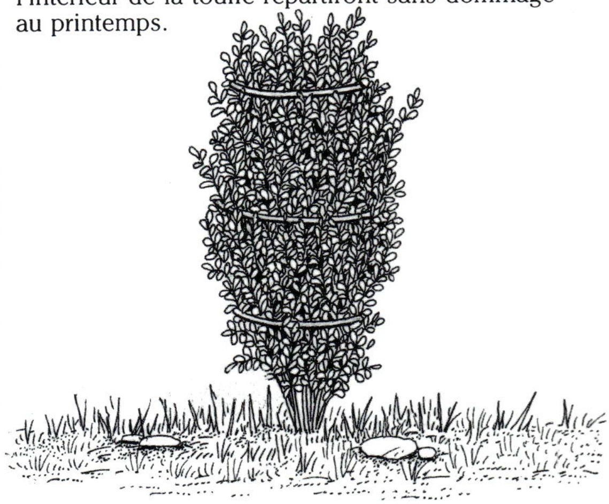

PROTECTION CONTRE LE FROID

511 Les dernières années aux hivers rigoureux nous ont appris beaucoup de choses au sujet de la résistance des plantes au froid. Souvent, en cas de froid prolongé, *la sécheresse tue plus que le gel* car il bloque la descente de l'eau vers les racines qui meurent alors de soif. Cela est notamment vrai pour les *plantes persistantes* dont le feuillage continue son rôle d'évaporateur en hiver.

Donc, prenez l'habitude de protéger vos végétaux (même les variétés dites rustiques) au moins le premier hiver qui suit la plantation, par un **paillage épais** de feuilles, de paille, etc. Cette précaution de fin d'automne vous évitera beaucoup de mauvaises surprises au printemps.

- Voir le chapitre « Paillage ».

512 Pour tous ceux qui désirent **acclimater** chez eux des **plantes** qui ne sont pas tout à fait rustiques, n'oubliez pas que le danger de gel est moins important *sous le couvert des arbres* qu'en zone découverte et que les *expositions à l'est sont fortement déconseillées* car le réchauffement au soleil matinal est trop brutal après de fortes gelées nocturnes : ces à-coups font éclater l'écorce et, par la suite, interrompent la circulation de la sève.

513 Si vous avez un **terrain en pente**, n'oubliez pas que le *froid s'accumulera dans les creux* et au bas de la pente.
Évitez donc de planter les espèces fragiles ou semi-rustiques à ces endroits-là et protégez vos plantes sensibles au froid par des variétés à feuillage persistant qui serviront à filtrer les courants d'air froid nuisibles.

514 Une astuce bien connue de beaucoup de jardiniers pour rendre les plantes plus résistantes au froid (méthode notamment valable pour les rosiers) consiste à fournir aux plantes du « **Patentkali** » (engrais potassique) par un léger griffage avant l'hiver.
Vous pouvez aussi couvrir certaines vivaces un peu fragiles avec des *cendres de bois* qui sont également très riches en potasse. La potasse étant soluble, la pluie se chargera de l'entraîner en profondeur au niveau des racines de vos plantes.

515 Certains dépérissements attribués à l'hiver résultent en fait du **soulèvement de la terre** pendant de fortes gelées. Conséquence : la *rupture des jeunes racines et le manque de contact avec le sol.*
Donc, au moment d'une période non gélive, n'oubliez pas de faire un petit tour au jardin pour *affermir la terre soulevée* autour des arbres, arbustes et plantes vivaces. Ce sont notamment les sujets que vous avez mis en place avant l'hiver qui sont à surveiller de très près.

516 En **fin d'été** ou en automne, ne vous précipitez pas sur votre sécateur dès que les fleurs ont terminé leur floraison. Coupez juste les fleurs desséchées pour donner un aspect plus net mais laissez-leur *les feuilles et environ 15 à 20 cm de leurs tiges.* Au fur et à mesure que les feuilles dessécheront, elles retomberont sur la souche, procurant ainsi une protection naturelle contre les grands froids. En plus, les tiges freineront considérablement l'*agressivité des vents froids* et desséchants qui risquent d'abîmer les jeunes pousses qui sortent parfois déjà de bonne heure en fin d'hiver.

517 Si vous craignez le **gel après une nouvelle plantation** d'arbres ou d'arbustes qui viennent d'être arrosés, prenez la précaution de *jeter quelques pelletées de terre* sur le sol détrempé. Ainsi le gel restera en surface et n'entrera pas en contact avec les racines.

518 Profitez d'une promenade dans les bois pour ramasser des brassées de **fougères** desséchées. En effet, c'est une matière de paillage et de protection par excellence, car les fougères sont *très légères, laissent circuler l'air, ne conservent pas d'humidité et se décomposent* au printemps pour participer ainsi à l'apport de matières organiques (très riche en potasse).
Pour la protection des arbustes (notamment valable pour la gamme de plantes de terre de bruyère), piquez les fougères avec leurs tiges dans le sol autour des sujets à protéger à la manière de branchages.

- Voir aussi l'astuce 509.

519 Il vous reste des chutes de **laine de verre** ou laine de roche de vos travaux d'isolation, profitez-en pour protéger vos plantes les plus frileuses. Quelques poignées placées autour de vos plantes suffiront à leur faire traverser le pire des hivers.
D'excellents résultats ont aussi été obtenus pour la *conservation de dahlias en hiver :* il suffit d'envelopper les tubercules bien secs avec une couche de laine de verre et ainsi ils résisteront au froid rigoureux même s'ils sont entreposés dans des caves ou greniers qui ne sont pas toujours hors gel.

520 Au cas où vous pratiquez une taille de vos conifères en fin d'été (thuyas, juniperus, if, etc.) ne jetez pas les **branches provenant de la taille.** Profitez-en pour les utiliser pour vos plantes fragiles comme protection contre le froid hivernal. Ce genre de branchage est plus efficace qu'une couverture avec du feuillage qui s'envole au moindre souffle de vent. De plus, cette couverture de branches fait *glisser la pluie vers l'extérieur* et

la filtre sans détremper la souche ou le cœur de la plante : fait non négligeable pour toutes les plantes qui craignent la pourriture.
Dans le même but, vous pouvez aussi utiliser les *grandes feuilles du gunnera et de la rhubarbe,* mais elles se décomposent relativement vite.

521 Pour éviter que les feuilles de paillage ne soient dispersées par le premier coup de **vent**, posez un *grillage ou un filet plastique* sur le tas et maintenez-le par des crochets ou petits piquets en bois.
À défaut de grillage ou de branchages, vous pouvez aussi jeter *quelques poignées de sable* sur les feuilles pour les maintenir en place.

522 Les **tuiles de faîtage** ou les tuiles canal présentent une excellente protection pour vos plantes fragiles que vous avez rabattues au ras du sol avant l'hiver. Couvrez les végétaux en question avec de la paille, des fougères ou des feuilles sèches et posez la tuile par-dessus.
Pour un seul sujet, il suffit de poser un simple **pot en terre** retourné et bien rempli de paille ou encore une de ces **cloches de protection** qu'on utilise au potager. Si vous habitez une région extrêmement ventée, prenez une précaution supplémentaire : maintenez vos protections en place en enfonçant autour des *branches ou petits tuteurs* sinon, vous risquez de courir après vos cloches, pots, etc., à chaque bourrasque de vent.

523 Encore une manière de protéger vos plantes fragiles contre le gel et les vents glacés : posez un **grillage** ou **filet plastique** maintenu par quatre piquets autour de votre « protégée ». Ensuite remplissez avec des fougères ou de la paille.
Dans le même genre, vous pouvez récupérer un grand *sac plastique vide* de tourbe, terreau, etc. dont vous avez coupé le fond. Faites glisser à l'intérieur quatre piquets afin de le maintenir écarté et remplissez avec de la paille ou des fougères.

524 Toujours dans le même but, vous pouvez aussi construire une sorte de **tente indienne** avec des piquets et remplir l'intérieur toujours avec de la paille ou des fougères. Éventuellement, vous pouvez créer une protection supplémentaire en enveloppant cette armature avec de *la toile de sac*. Ce genre de « construction » est notamment valable pour les régions à fort enneigement, car la neige glissera à l'extérieur sans s'entasser au cœur de la plante.

525 Si vous possédez une **plante grimpante** qui craint les grands froids ou les vents d'hiver, protégez-la au moyen d'une *feuille de plastique*, d'un vieux drap, d'une vieille nappe ou d'une *simple toile de jute* que vous agraffez sur un tasseau de votre treillage. Il ne reste qu'à faire descendre ce petit rideau par grand froid et le remonter en l'enroulant dès que le soleil se montre. Prévoyez quelques ficelles sur le tasseau afin de maintenir en place le « rideau » enroulé. Retenez cette précaution aussi pour les *actinidias* (kiwis) qui fleurissent prématurément. N'oubliez surtout pas d'écarter l'écran protecteur dans la journée par beau temps afin de permettre le passage des abeilles, sinon pas de pollinisation, donc pas de fruits !

Certains arbustes conduits en tige 526
(notamment les rosiers) sont très sensibles au gel au niveau du **point de greffe**. Pensez donc à enrouler leur tige dans un *rouleau de mousse* (tel qu'on l'utilise pour protéger les tuyauteries) en prenant soin de bien couvrir le point de greffe.
Pour une protection de la tête de ramure, vous pouvez avoir recours au *bull'pack* qu'il faut néanmoins enlever par beau temps sinon votre plante risque de « griller » sous cette mini-serre.

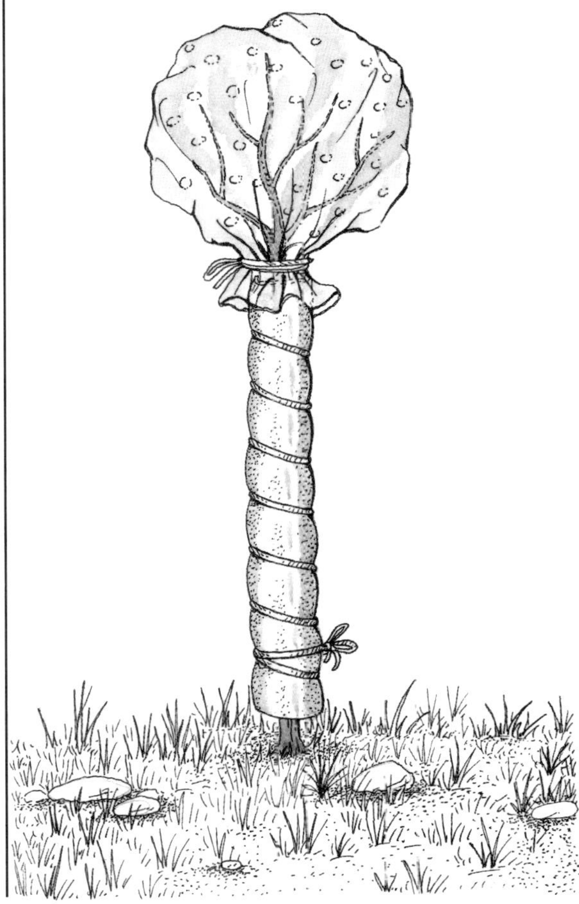

527 Les **camélias** sont très sensibles au gel par leurs *racines* et nettement moins par leur feuillage. Si vous cultivez ces plantes magnifiques en bacs, n'oubliez surtout pas de bien protéger leur récipient par grand froid avec du plastique alvéolé, de la laine de verre, des plaques de polystyrène, etc. (*tout matériau d'isolation* du bâtiment est bon).
Retenez bien que pratiquement toutes les plantes sont beaucoup plus fragiles hors sol. On peut compter que leur *rusticité diminue de plus de la moitié.*
Rien que pour l'exemple, prenons l'if : c'est une plante parfaitement rustique en pleine terre mais qui risque de geler par − 10 °C s'il est cultivé en pot sur une terrasse.

528 Voici quelques conseils pour « fabriquer » une **protection pour vos bacs.**
— S'il s'agit d'une nouvelle plantation, prévoyez le nécessaire avant l'installation de la plante : *doublez votre bac à l'intérieur* avec des plaques de polystyrène de 3 cm d'épaisseur et recouvrez le tout avec un feutre jardin. Ainsi les racines ne peuvent pas se coller contre la paroi et, par conséquent, ne souffriront pas du froid.
— Pour des plantes déjà installées, il est possible de se procurer un pot ou *cache-pot de dimensions nettement supérieures* que vous remplissez de tourbe ou, encore plus efficace, de chutes de laine de verre. S'il s'agit de grands bacs vous pouvez les entourer de *plaques de polystyrène* de 4 cm que vous faites tenir par deux ou trois rangées de ficelle.

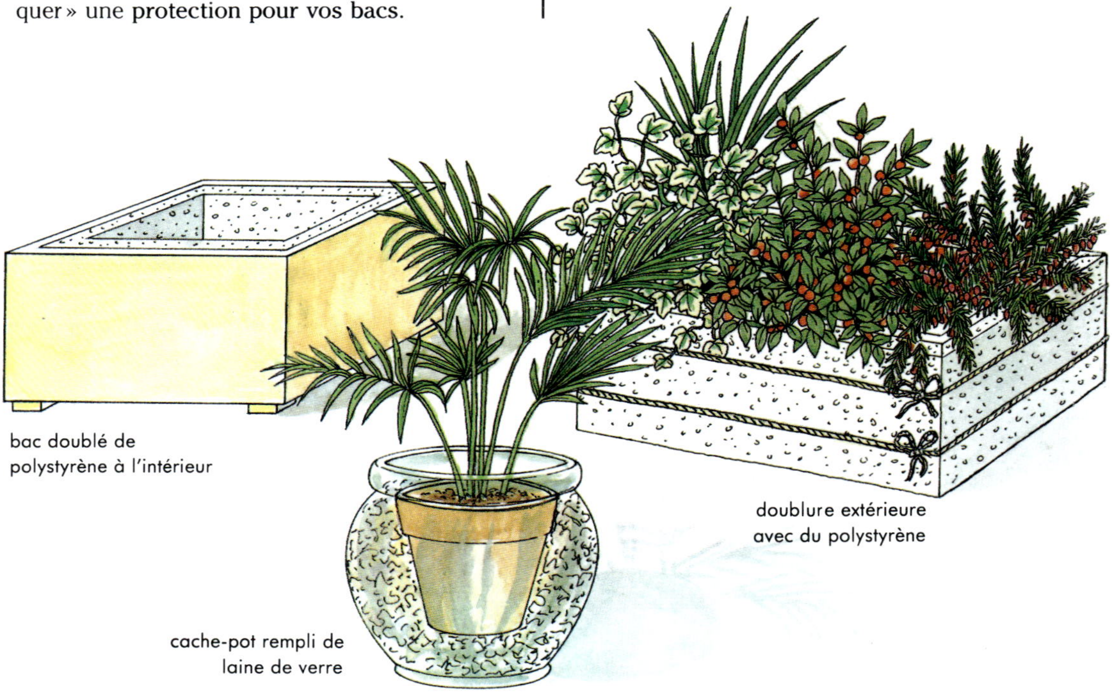

529  Abritez vos **scaroles et chicorées** en hiver avec des *clayettes en bois :* ces caisses sont aérées et étanches et conservent ainsi vos légumes à l'abri du gel tout en les faisant *blanchir.*

530 Les **fuchsias**, même ceux dits rustiques, souffrent de l'humidité froide en hiver. Pour les protéger, commencez par tailler au ras du sol tous les rameaux, puis recouvrez avec de la paille ou des fougères. Sur le pourtour des touffes, disposez quelques pierres sur lesquelles vous mettrez de *vieilles tuiles plates.*
Ainsi l'eau ruissellera vers l'extérieur de la plante et la maintiendra bien au sec.

531 Si, malgré toutes les précautions prises, certaines **plantes** sont sérieusement **abîmées par le gel** (les feuilles de vos arbustes persistants prennent une teinte grise, puis se dessèchent), *rabattez-les immédiatement* au ras du sol et *couvrez la souche* avec une bonne couche de feuilles mortes ou de terreau. N'attendez surtout pas que le gel descende jusqu'aux racines, ce qui provoquera la mort de la plante par déshydratation. Certains arbres et arbustes résistent parfaitement à ce traitement d'urgence (eucalyptus, mimosas, escallonias, par exemple) et repartent de plus belle à la saison suivante en formant de grosses touffes.

Un petit conseil pour les heureux pro- 532
priétaires d'une **serre ou véranda** chauffée. Si, par malchance, votre chauffage de serre tombe en panne par grand froid, vous pouvez la maintenir hors gel en disposant sur les tablettes des *bougies allumées* (6 à 8 bougies par mètre carré). Ceci permettra de sauver vos plantes le temps de remettre votre chauffage de nouveau en route. Donc, par précaution, gardez toujours un petit stock de bougies à portée de la main.

PROTECTION
CONTRE LE SOLEIL

533 Un certain nombre d'arbustes et fleurs ne prospèrent qu'à l'ombre ou à mi-ombre (la plupart des plantes de terre de bruyère, par exemple). Si vous ne disposez pas d'une **situation ombragée** existante (ombre portée par la maison ou les arbres sur place), créez cette zone d'ombre *en plantant un groupe d'arbres au feuillage léger* avant d'installer vos « amis de la fraîcheur ». Laissez vos arbres se développer un peu et ne créer qu'ensuite des massifs sous l'ombre de leur feuillage. Vos plantes vous remercieront pour votre patience avec un beau feuillage et de magnifiques floraisons.

534 Les **serres** sont souvent sujettes au surchauffage en plein été. Bien sûr, vous pouvez installer des toiles d'ombrage mais une idée plus originale sera de *faire pousser une vigne* dans la serre qui formera un écran naturel par son feuillage abondant... sans oublier le plaisir d'épater vos amis avec du « raisin maison ».
Si vous êtes plutôt amateur de fleurs, optez pour la *fleur de la Passion* (Passiflora) qui vous protégera en un temps record d'un soleil trop ardent.

Vos jeunes plantes et semis doivent 535
absolument être *ombrés* dans la **serre** *en milieu de journée.* Installez votre système d'ombrage plutôt *à l'extérieur* des vitrages, car ainsi la chaleur ne pourra pas entrer. En revanche, si vous ombrez seulement par des toiles installées à l'intérieur, vous protégerez vos cultures des rayons du soleil mais la chaleur pénétrera et provoquera un surchauffage.

Remarques, observations personnelles

Remarques, observations personnelles

Une rose parmi des orties reste toujours une rose.
PROVERBE FRANÇAIS

R

Récolte

Récupération, recyclage

Rocaille

Rosiers

Variations autour du thème de la rose :

1 Charme de fleurs simples d'un rosier moderne : rosier « New Face » et *Spiraea « Goldflame »* aux couleurs automnales.

2 *Rosa « Felicia »* (rosier ancien, hybride musqué). Petit arbuste (1,50 m) aux fleurs très parfumées, floraison remontante et généreuse.

3 Œillet ou rosier ? *Rosa « Pink Grootendorst »*, la « rose-œillet » (hybride rugosa) : grand arbuste aux piquants redoutables (à intégrer dans une haie défensive), floraison abondante et remontante.

4 Harmonie en blanc-ivoire et argenté : *rosier « Smarty » et Stachys lanata.*

RÉCOLTE

Les arbres les plus vieux ont les fruits les plus doux.

La récolte est l'aboutissement des labours, des tailles, de soins divers et de beaucoup de patience.
Seuls ceux qui ont travaillé la terre de leurs propres mains et qui ont consacré des heures, parfois des journées entières aux petits soins de leurs « protégées » peuvent ressentir cette joie et ce contentement immense au moment de la récolte.
Pour eux, ce moment privilégié devient presque un acte « sacré », accompli avec joie et bonheur, et peu importe s'il s'agit de récolter des fruits et des légumes ou bien des fleurs épanouies de toute beauté.
Puissent mes conseils vous aider à obtenir la récolte de vos rêves.

536 Pour que les **fruits mûrs** atterrissent en douceur en tombant *paillez le pied de vos arbres* avec 10 cm de tontes de gazon ou un bon lit de paille. Ainsi les fruits ne seront plus abîmés par leur chute et votre arbre profitera du paillage qui conserve une certaine fraîcheur au pied.

537 Savez-vous comment on reconnaît si un **fruit est bien mûr** ?
Prenez-le dans le creux de la main et faites-lui faire un demi-tour ou soulevez-le légèrement. S'il est mûr, il se détachera tout seul, sinon patientez encore un peu.

538 Vous pouvez vous fabriquer un **cueille-fruits** vous-même avec une simple *bouteille plastique* (genre bouteille d'eau minérale) : il suffit de couper le fond de la bouteille et d'emmancher le goulot sur une perche solide.

539 Pour **récolter les graines** des herbes aromatiques ou des fleurs, procédez presque à la fin du cycle de la végétation — juste avant que les fructifications ne virent au brun — et *suspendez-les,* têtes en bas, *dans un sac de papier* où l'air peut circuler : les graines tomberont toutes seules au fond du sachet dès qu'elles seront parfaitement mûres.

540 Voici une astuce pour **récolter des carottes** au potager en plein hiver malgré le gel.
Apportez en automne une *bonne couche de feuilles mortes* (environ 10 cm) sur laquelle vous jetez quelques poignées de tourbe qui s'infiltrera entre les feuilles. Pour que le vent n'enlève pas ce matelas, prévoyez un *grillage* que vous maintiendrez avec des pierres ou de petits piquets. Par temps de gel, ce matelas se prendra en masse, si bien que vous pourrez le *soulever comme une planche.* En-dessous vous retrouverez vos carottes dans une terre fraîche et meuble et vous n'aurez aucun problème à enlever la quantité désirée. Ainsi conservées, vos carottes garderont une meilleure qualité culinaire qu'entreposées dans une cave.

541 Il faut parfois du temps pour que les **tomates** mûrissent sur pied, et l'attente entre deux récoltes semble interminable...
Pour *hâter la croissance de vos tomates,* ne les laissez pas rougir sur place mais enlevez-les dès qu'elles sont à peine roses. Entreposez-les dans une caissette au pied d'un mur au sud ou, en plein soleil, sur le rebord de la fenêtre de votre cuisine. Vos pieds de tomates ainsi moins chargés pourront consacrer toutes leurs réserves nutritives à la production d'autres tomates.

RÉCUPÉRATION
RECYCLAGE

Nous vivons de plus en plus dans un monde de gaspillage où tout se jette sans recherche d'une utilisation ultérieure. Si nous voulons éviter que le monde ne ressemble à une gigantesque poubelle dans un avenir assez proche, nous avons grand intérêt à sensibiliser notre entourage et notamment nos enfants à ce problème grave par nos propres actes et gestes. C'est leur environnement, leur monde que nous préparons actuellement. Ne les laissez pas évoluer parmi les ordures ! Mes propositions dans ce chapitre ne sont qu'une toute petite participation au combat quotidien des écologistes et responsables de l'environnement, mais j'espère vous inspirer par quelques idées utiles, amusantes, originales et peut-être surprenantes.

542 Ne jetez plus vos **bas et collants usagés** : vous pouvez les utiliser pour *conserver vos bulbes* en hiver (utilisez un bas par variété — avec une petite étiquette bien sûr — et suspendez-les au grenier) ou encore, servez-vous-en pour faire des *attaches* très résistantes pour vos jeunes arbres...

543 Avez-vous déjà pensé que les **branches de framboisiers** que vous avez taillées, peuvent fournir du *petit bois* de premier choix pour *allumer votre cheminée* ou votre barbecue ?
Dans ce but, laissez sécher les branches pendant quelques jours et ensuite ficelez-les en petites bottes « prêtes à l'emploi ».

544 Un autre moyen pour obtenir des *attaches d'arbres* sans dépenser un sou : utilisez de vieilles **chambres à air de vélo** que vous fendez au milieu et découpez ensuite à la longueur désirée.

545 Si vous ne disposez pas d'un *fruitier* bien aménagé avec des rayonnages à claire-voie, récupérez donc au marché des caissettes ou **clayettes** en bois ou en plastique, que vous nettoyez soigneusement à l'eau de Javel. Empilez-les en prenant soin de poser la première caissette sur deux tasseaux et vous aurez un fruitier idéal sans frais et bien rangé.

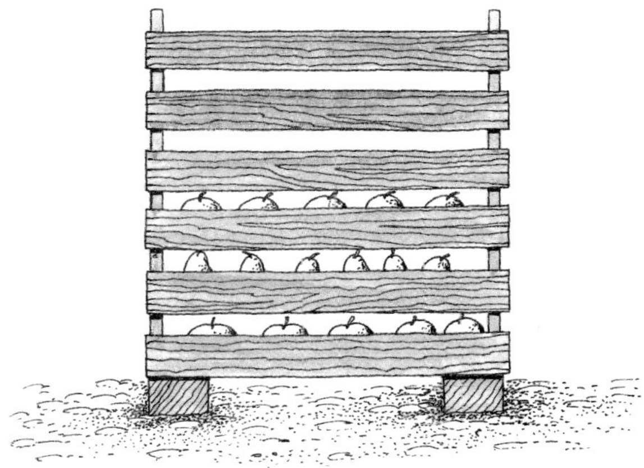

Ne **jetez plus** les eaux de cuisson de vos légumes, les tisanes ou les fonds de théière. Après refroidissement, laissez-en profiter vos plantes d'appartement, jardinières ou plates-bandes qui seront contentes de cet *apport d'éléments nutritifs*. 546
De même, si vous changez l'eau du bocal de vos poissons rouges : enrichie de déchets organiques, cette eau usagée présente un excellent engrais naturel pour vos plantes.

Quant à l'**eau de cuisson de vos pommes de terre**, arrosez-en les mauvaises herbes car elle a la réputation d'être *herbicide :* une manière écologique de nettoyer vos allées. 547

548 Les **emballages en frigolite** de vos œufs et fruits peuvent être découpés en petits fragments. Ainsi ils peuvent servir à *alléger les terres lourdes* ou à la préparation des mélanges terreux perméables de vos jeunes plantes.

549 Ne vous débarrassez pas non plus trop rapidement de vos **emballages plastiques** en forme de terrine, de vos boîtes d'œufs ou pots de yaourt : tout cela représente des *récipients* fort utiles *pour vos semis et repiquages* ou pour la conservation de vos bulbes.

• Voir aussi l'astuce 98, chapitre « Bulbes » et l'astuce 297, chapitre « Multiplication des plantes ».

550 Vous avez un vieil **évier en pierre** et ne savez pas quel usage en faire ?
Voici une idée originale : transformez-le donc en *bac à fleurs* ; c'est le récipient idéal pour faire une petite collection de plantes alpines.

• Voir aussi l'astuce 281, chapitre « Jardinières ».

551 Quel dommage de trouver les **fanes de navets et radis** sur le tas de compost ou, pire encore, dans la poubelle !
Savez-vous que les jeunes feuilles de ces plantes sont très *riches en calcium, fer et carotène* et absolument délicieuses en potage ?

552 Votre *Dracaena* a un certain nombre de vieilles **feuilles desséchées** et nécessite un nettoyage ?
Conservez donc ses vieilles feuilles et découpez-les en fines lanières tel que cela se pratique en Amérique du Sud. Ainsi elles seront reconverties en *liens solides et discrets* qui remplaceront sans problème le raphia.

553 Ne faites pas enlever les **gravats** et la terre après la construction d'une piscine, d'un bassin d'eau, etc.
Profitez-en plutôt pour *modeler un jardin trop plat* en créant des niveaux différents et un certain mouvement dans le terrain.

554 Savez-vous que l'**huile de vidange** de votre tondeuse peut vous rendre de grands services ?
Utilisez-la pour *graisser vos outils de jardinage* ou pour traiter la base de vos piquets, tuteurs, etc., pour empêcher la pourriture du bois.

• Voir aussi l'astuce 289, chapitre « Matériel de jardinage ».

Apportez votre **marc de café** aux pieds 555
de vos rosiers ou plantes vivaces. Il a la réputation d'être très utile contre les pucerons qui craignent la caféine qui se trouve encore dans le marc. Outre ses *fonctions antiparasitaires,* il présente un *fertilisant naturel* pour le sol.

Avez-vous déjà pensé à utiliser vos 556
chutes de **moquette** ?
En effet, en les taillant aux dimensions de vos châssis, elles présenteront une excellente *protection contre le froid* et quelques petits bouts pourront servir à *protéger les arbres contre le frottement* entre le tuteur et les attaches.

Savez-vous que les **mousses** noircies 557
après un sulfatage du gazon constituent un bon *engrais acidifiant,* donc antichlorose, pour les rosiers, camélias, pêchers, etc. ?
Enlevez donc ces mousses par un bon ratissage ou une scarification et apportez-les ensuite en paillage aux plantes.

S'il vous reste des **petits pois** après vos 558
semis printaniers, ne les jetez pas mais utilisez-les donc en *engrais vert* sur les parcelles libres de votre potager. De toute façon, les graines de légumineuses se conservent assez mal et il vaut mieux les utiliser dans l'année. Vous pouvez les épandre à la volée sur un sol simplement griffé : un joli tapis vert ne tardera pas à se lever et à recouvrir le sol.

• Voir aussi l'astuce 166, chapitre « Engrais » et l'astuce 435, chapitre « Potager ».

Vous avez des enfants qui aiment patau- 559
ger dans l'eau ?
Vous avez sûrement une petite **piscine gonflable** dans un petit coin discret de votre jardin et, par conséquent, vous avez probablement des « cadavres » de piscines trouées irréparables. Ne vous en débarrassez pas immédiatement mais gardez un de ces « cadavres » pour *transporter des choses lourdes.* Oui, oui, vous avez bien lu !
En effet, au jardin on rencontre assez souvent le problème de devoir déplacer un arbre avec une grosse motte, un bloc de pierre, etc. Si vous faites glisser votre charge sur la bâche de la piscine, vous n'aurez pas de problème pour la hisser dans la brouette mais celle-ci risque de défoncer le sol par son poids mal réparti. En revanche, vous tirerez la bâche sans trop d'effort (éventuellement demandez à une seconde personne de vous aider) à l'endroit voulu et le sol ne sera pas défoncé mais l'herbe sera simplement couchée.

560 Après de grands travaux à la maison, il reste souvent des morceaux de **plâtre**. Ne vous donnez pas de mal à les entasser dans vos poubelles mais *broyez-les* au maximum pour les *incorporer ensuite dans la parcelle de terre* où vous envisagez la culture des asperges : elles apprécieront beaucoup cet apport peu habituel. Vous pouvez aussi en réserver pour vos *plantes alpines* qui viennent de *montagnes calcaires*. Le plâtre finement broyé est incorporé à leur mélange terreux, vos petites plantes retrouveront le sol de leur habitat naturel.

561 Gardez précieusement vos **pots en terre** cassés ou les vieilles tuiles qui restent après la restauration de votre maison. Cassez-les en petits morceaux et ainsi vous disposerez d'une *matière de drainage* excellente.

562 Voici une idée amusante, découverte dans un petit jardin de ville : une vieille **poussette de marché** transformée en *support roulant* pour des plantes grimpantes.
Donc, si vous avez une poussette de ce genre abandonnée dans un coin, reconvertissez-la en enlevant le sac à provisions et ensuite, vous placerez une jardinière, un bac ou des pots en terre sur le support. Un bon mélange terreux, quelques graines de capucines, des pois de senteur ou de n'importe quelle autre plante grimpante de petite taille et le tour est joué. De plus, comme il s'agit d'un support roulant, vous « promènerez » vos plantes au gré de votre fantaisie.
La même chose peut être faite avec une *vieille brouette en bois*. Dans ce cas-là, utilisez en partie des plantes retombantes : les géraniums-lierres se prêtent à merveille à cette utilisation.

Savez-vous que la **suie** (à l'exclusion impérative de la suie de fuel) provenant des ramonages de cheminées, présente un excellent *engrais* et est de surcroît un *insecticide* efficace par la présence de créosote ? 563
La suie des cheminées renferme deux fois plus d'azote et d'acide phosphorique, quatre fois plus de potasse et cinquante fois plus de chaux que le fumier de ferme. Seul impératif : *conservez-la parfaitement au sec* car l'humidité réduirait considérablement ses propriétés.
Voici quelques conseils d'application :
— épandez-la sur les oignons et les carottes pour éloigner les mouches parasitaires ;
— saupoudrez le feuillage (notamment des choux) qui est envahi par les chenilles afin de les intoxiquer ;
— 2 poignées de suie pour 8 litres d'eau produit un liquide insectifuge (bon résultat pour les altises).

Gardez les belles tiges bien droites de la **taille** de vos arbres ou arbustes (buddleia, saule, etc.). Elles peuvent servir de *tuteurs* ou simplement de *repères* pour vos plantes qui disparaissent pendant la mauvaise saison. 564
Seul impératif : n'utilisez que des branches parfaitement saines sinon il y a risque de contamination.
Évitez aussi d'utiliser les tiges trop vertes : vos tuteurs risquent de s'enraciner une fois « plantés » en terre.

Une autre utilisation pour vos branchages provenant de la **taille** ou d'un débroussaillage : brûlez-les et utilisez leurs **cendres** comme engrais. 565
En effet, les cendres de bois sont très riches en *phosphore et en potasse*, donc pensez aussi à récupérer les *cendres de votre cheminée*. Épandez-les dès qu'elles sont suffisamment refroidies car la potasse est très soluble et la moindre pluie l'entraînera : la potasse sera ainsi perdue en pure perte.
En revanche, les *cendres de charbon* n'ont aucune action fertilisante mais elles peuvent contribuer à alléger un sol argileux (ne les utilisez pas en sol sableux car cela ne fera qu'accentuer sa porosité).

Conservez les **tubes vides** de cachets d'aspirine ou vitamines, ainsi que les emballages noirs de vos pellicules photographiques. Ces récipients sont idéals pour la *conservation de vos graines* mais n'oubliez pas de les étiqueter sinon la surprise est garantie (je parle par expérience !)... 566

ROCAILLE

L'intérêt d'une rocaille est l'association harmonieuse des pierres et des plantes, ce qui apporte immédiatement de la vie et un peu d'originalité à un jardin. Elle peut aussi être un bon prétexte pour une collection de plantes miniatures car même sur un tout petit emplacement on peut installer un nombre important de plantes alpines, conifères nains et petits arbustes.
Néanmoins, même si vous avez succombé à la folie de ces petites merveilles, ne perdez pas de vue que la rocaille doit s'intégrer naturellement dans le reste du jardin. Créez des zones de transition si nécessaire, et ayez la sagesse de renoncer à votre projet si la rocaille risque de ressembler à une pièce rapportée. Rien ne heurte plus l'esthétique que quelques « stalagmites » plantées en plein milieu de la pelouse.

567 Vous avez une rocaille à base de **pierres calcaires** et désirez installer des *plantes calcifuges* (plantes de terre acide), prenez soin de leur faire une poche de terre de bruyère *au niveau le plus élevé* de votre rocaille pour éviter les infiltrations d'eau calcaire par ruissellement.

568 Vous rêvez peut-être d'une rocaille mais vous n'avez pas de **grosses pierres** à votre disposition. Afin d'éviter de grands frais d'achat dans une carrière et le transport, retenez ces deux solutions :
— si vous avez un tas de *petites pierres,* vous pouvez les assembler de manière naturelle et les « coller » discrètement avec un peu de mortier ;
— vous pouvez aussi *« fabriquer des pierres »* en procédant de la manière suivante : creusez dans un emplacement nu et discret de votre jardin des trous de la forme et du volume des roches désirées. Enfoncez quelques pierres dans les parois de ces trous qui formeront les cavités des roches après coulage du mortier. Préparez un *mortier* avec une partie de sable, une partie de ciment et une partie de tourbe. Mélangez à sec et incorporez juste assez d'eau pour obtenir une *boue épaisse.* Remplissez les trous avec ce mélange et patientez environ dix jours pour extraire les « pierres ». Enlevez les petites pierres que vous avez posées pour former des alvéoles en tapotant avec un marteau à petits coups. Il ne reste qu'à brosser vos « pierres » et les *humidifier régulièrement* pendant trois ou quatre jours, ensuite installez-les dans votre rocaille.

Si vous constatez que la **terre** s'est **trop** 569
compactée entre vos touffes de plantes tapissantes, vous pouvez aérer le sol à l'aide d'une *fourchette de table* qui pénètre bien entre les plantes sans les endommager.

Vous avez peut-être dans votre rocaille 570
des plantes qui nécessitent un **tuteurage.** N'utilisez pas de tuteurs en bambou : ils sont d'aspect trop raide dans ce milieu qui essaie d'imiter au maximum la nature.
Placez donc quelques *branches de bouleau bien ramifiées* dans vos touffes au départ de leur végétation : le feuillage en se développant rendra les « tuteurs » invisibles.

ROSIERS

Si tu vis dans les roses, tu en prends le parfum.
PROVERBE FRANÇAIS

571 Afin d'assurer une **bonne reprise** à la plantation de vos rosiers à racines nues, n'oubliez surtout pas *le pralinage* qui consiste à laisser tremper les racines pendant une bonne demi-heure dans un mélange de terre et de tourbe délayée dans l'eau. Si vous pouvez vous procurer de *la bouse de vache,* rajoutez-en à votre mélange : le résultat n'en sera que meilleur !

572 N'hésitez pas à défoncer le sol à une profondeur de 60 cm minimum avant la **plantation** de vos rosiers. En effet, les rosiers ont la particularité de produire des *racines qui descendent jusqu'au sous-sol.* Donc, si la plantation se fait dans une terre peu travaillée en profondeur, les racines finiront par exercer une poussée qui provoquera la remontée de l'arbuste avec, en conséquence, une exposition de la greffe aux gelées hivernales ou à la sécheresse en été.

573 À l'arrivée des grands froids, n'oubliez pas de **butter** vos rosiers pour protéger la greffe et les yeux situés à la base des rameaux. Néanmoins, utilisez uniquement de la terre rapportée à cet effet ou mieux de la *tourbe ou des écorces de pin. Abstenez-vous de fumier* qui provoque l'échauffement des écorces qui se décollent par la suite sous l'action des rayons solaires. Et, surtout, ne grattez pas la terre autour de vos rosiers pour ramener de la terre de buttage : les racines superficielles seraient mises à nu et exposées aux gelées.

574 Pour la **fertilisation** de vos rosiers après l'hiver, réalisez des *perforations avec les dents d'une fourche* entre vos arbustes et versez-y les engrais en poudre ou en granulés. Ainsi les éléments nutritifs descendent directement à proximité des racines qui assurent l'alimentation de vos rosiers.
Avec un simple griffage, les engrais descendent très lentement dans le sol et ne deviennent « opérants » que longtemps après leur application.

575 Abstenez-vous de **bêcher** ou de « fourcher » entre vos arbustes ce qui *détruit* inévitablement *les racines superficielles* avec, comme conséquence, un affaiblissement de l'arbuste.
En plus, on a pu constater que les blessures causées aux racines au moment du bêchage excitent la formation des bourgeons et donc par la suite des *« rameaux gourmands »* pour les variétés greffées. Ces « gourmands » sont à éliminer absolument car premièrement, ils affaiblissent vos rosiers et deuxièmement, vos rosiers retourneront petit à petit à leur état sauvage.

Savez-vous que vous risquez de provoquer le dépérissement de vos rosiers en utilisant du **fumier trop frais** ? **576**
En effet, le fumier frais facilite le développement des champignons radiculaires *(les pourridies),* une maladie non guérissable. De plus, l'utilisation du fumier frais provoque une *diminution du parfum des fleurs.* Donc, laissez-le se décomposer, il formera par la suite un engrais de première qualité.

Pour prolonger la vie de vos rosiers et éviter leur dépérissement, adoptez la **taille d'hiver** au lieu de tailler après les dernières gelées (fin mars) comme souvent préconisé dans les manuels. En effet, ce genre de taille — pratiqué dès que les gelées ont provoqué la chute des feuilles (décembre-janvier) — a fait ses preuves depuis des années en Allemagne, Hollande et Belgique. **577**
Ses mérites s'expliquent facilement :
— la taille s'effectue alors que *la sève est descendue dans la souche,* donc elle diminue la sensibilité des arbustes aux gelées tardives du fait que les *bourgeons contiennent de la sève concentrée* par la présence des sels minéraux (après la taille printanière elle est diluée, d'où la sensibilité des bourgeons) ;
— si vous taillez en fin d'hiver, vous éliminez les *bourgeons qui contiennent une sève riche* qui s'est concentrée à l'extrémité des branches ; donc les nouveaux bourgeons auront seulement la sève provenant des racines qui n'est rien d'autre que de l'eau ;
— en rajeunissant ainsi les rosiers chaque année, ils engendreront de *nouvelles brindilles beaucoup plus florifères* en raison de leur jeunesse et d'une circulation de sève plus rapide.

Si vous voulez une **floraison continue** de vos rosiers remontants, n'oubliez surtout pas d'*éliminer très régulièrement les roses défleuries* (le développement d'un seul fruit supprime au moins cinq fleurs si vous n'empêchez pas la formation des graines). **578**
Pensez aussi à donner à vos rosiers un *bon engrais* composé après la première floraison ou rajoutez

automatiquement un engrais foliaire à vos mélanges de traitement.
Et pour tous ceux qui désirent cueillir de *grosses roses* pour leurs bouquets : ne laissez qu'un seul bouton par tige et éliminez tous les autres.

579 Encore un petit truc de vieux jardiniers : pour assurer une **belle coloration** de vos roses, vous pouvez enterrer des *peaux de bananes* entre les pieds de vos rosiers.
En effet, la peau de banane contient, outre de l'azote et du potassium, des *oligo-éléments* (fer et magnésium) facilement assimilables par les racines.

580 L'**allure** de beaucoup de rosiers modernes vous paraît peut-être un peu **raide** ?
Pensez à marier vos rosiers avec des *plantes vivaces au port léger* pour adoucir l'ensemble et cacher la base souvent dénudée. Les géraniums vivaces, les stachys lanata, le gypsophile, les petites campanules et la lavande feront merveille et donneront à l'ensemble un aspect plus « naturel ». De plus, elles empêcheront les mauvaises herbes de s'installer.

581 Afin d'obtenir une floraison abondante de vos **rosiers grimpants** qui sont trop vigoureux et forment surtout un feuillage abondant, *palissez leurs branches à l'horizontale :* cela les obligera à former des boutons floraux.
Cette méthode est surtout valable pour les variétés à grandes fleurs, les grimpants à petites fleurs posent rarement des problèmes. Donc, si vous voulez garnir les pylônes et arcades, donnez la préférence aux rosiers à petites fleurs qui ne sont pas très exigeants en ce qui concerne la direction des branches, et réservez la décoration de murs et clôtures aux autres qui nécessitent un palissage horizontal.

582 Palissez vos **rosiers grimpants** sur un pilier de pergola ou tout autre endroit sans treillage à l'aide d'un *lien qui passe dans un cavalier* pour ne pas étrangler la branche quand elle grossira.

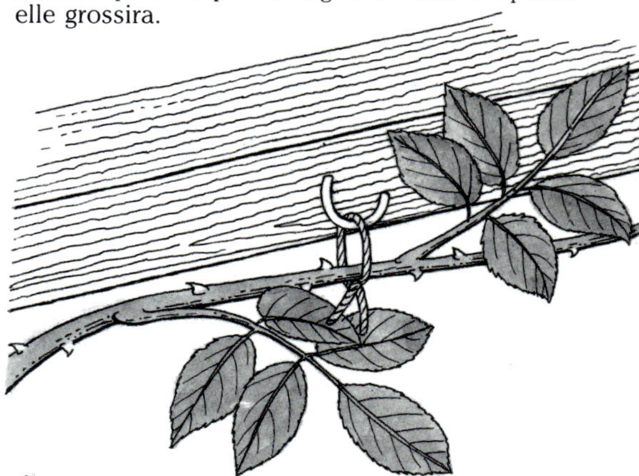

583 Attention aux **engrais azotés** : si vous en mettez une trop grande quantité, vous favoriserez l'installation du blanc et de la rouille.
Préférez les engrais avec un bon pourcentage de *potassium* et qui contiennent de *la magnésie :* c'est la magnésie qui aide à produire une belle floraison.

584 Peut-être avez-vous constaté un jaunissement inexpliqué du feuillage de vos rosiers. Probablement s'agit-il d'une *carence en fer* qui provoque la **chlorose.**
Souvent, c'est la *présence de calcaire* dans le sol qui rend la plante malade, car le calcaire nuit à une bonne assimilation *du fer.* Dans ce cas, vous pouvez creuser un trou circulaire autour de vos rosiers et le remplir avec de la *tourbe* qui neutralisera le calcaire.
Si cette astuce de jardiniers d'antan vous rebute vous pouvez aussi trouver des produits de traitement dans le commerce.

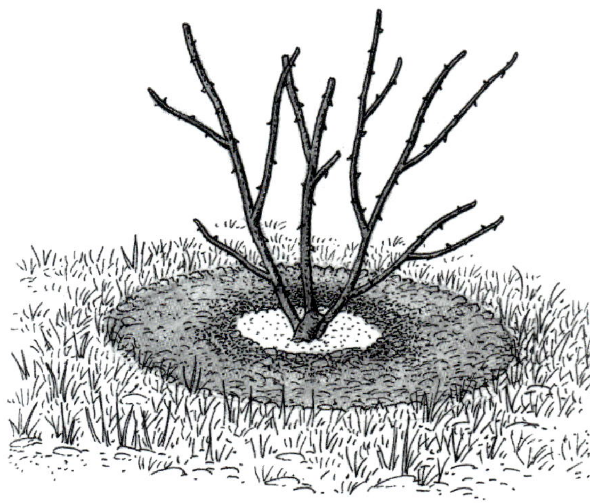

Remarques, observations personnelles

Qui met ses pieds et mains au jardin, gardera un corps sain.

PROVERBE FRANÇAIS

S

S.O.S. Médecins

1 Primula hybride. Une petite plante sans prétention qui brave l'hiver.

2 Jolie empoisonneuse : *Daphne mezereum* (bois joli, ou bois gentil). S'abstenir si vous avez des petits enfants, sinon réservez-lui une place privilégiée : ce petit arbuste rustique aux fleurs fortement parfumées a le mérite de fleurir en février quand le restant du jardin est encore endormi.

3 Avez-vous reconnu cette jolie plante couverte de rosée matinale ? Il s'agit du *Salix helvetica,* un petit saule de rocaille ou du bord de l'eau.

4 Pulsatilla vulgaris (Anémone pulsatille). Charmante vivace printanière pour la rocaille ; laissez-la monter en graine : ses ombelles en toute finesse remplaceront avantageusement une seconde floraison.

S. O. S.

MÉDECINS

Soulever, pénétrer, déchirer la terre est un labeur — un plaisir — qui ne va pas sans une exaltation que nulle stérile gymnastique ne peut connaître.

COLETTE

Mais comme pour n'importe quelle gymnastique, il faut apprendre à doser ses efforts si l'on veut obtenir un résultat durable sans souffrir d'un corps douloureux pendant des semaines.

585 Ne faites jamais plus d'une demi-heure de **labour** sans arrêt sinon votre dos ne résistera pas. *Entrecoupez avec un travail moins fatigant :* un peu de nettoyage ou de taille, vérification des étiquettes, etc., ou faites tout simplement un petit tour dans votre jardin pour le plaisir ou pour vous laisser inspirer par de nouvelles idées pour la saison prochaine.

586 Vous avez arraché des **orties** et malgré toutes les précautions vous n'avez pas pu empêcher les **brûlures.**
Cueillez vite quelques *feuilles de plantain* et frottez-en la peau énergiquement : la sensation de brûlure disparaîtra aussitôt.

587 Si, par malchance, vous vous trouvez avec des mains farcies de petits **piquants de ronces**, cactus, etc., collez-y un *morceau de Scotch* et tirez d'un coup sec : les piquants resteront accrochés à l'adhésif.

588 Certaines plantes comme les *poinsettias, les euphorbes et les asclépias* contiennent un **latex** qui peut irriter les peaux sensibles. Mettez donc des gants si vous êtes obligés d'intervenir pour une taille ou un nettoyage.
La même précaution s'impose pour toute manipulation de la *berce du Caucase (Heracleum mantegazzianum),* qui est une ombellifère impressionnante par sa taille (2 à 3 m de haut à la floraison), mais dont les pétioles sont couverts de nombreux *poils urticants* qui peuvent provoquer des brûlures du deuxième degré.

589 Savez-vous que la **Dieffenbachia** est une plante d'appartement vénéneuse qui peut provoquer des *irritations graves* au niveau des yeux ? Donc, abstenez-vous absolument d'en avoir si vous avez de petits enfants à la maison (on a pu constater des cas d'aveuglement des enfants en bas âge).

590 Voici une petite liste de plantes dont les fruits ou le feuillage peuvent provoquer des **intoxications** graves, qu'il faut donc éviter de planter dans un jardin qui est fréquenté par des enfants : *datura, daphne mezereum* (bois gentil), *laburnum* (cytise), *taxus* (if), *euonymus europeanus* (fusain d'Europe), laurier-rose, muguet.

591 Pour terminer le chapitre traitant des petits ennuis de santé, parlons aussi un peu de **propreté** ! Évidemment, il est très difficile de garder les mains propres quand on s'active au jardin avec les semis, repiquages, désherbages, etc. En fin de journée, l'état des ongles est parfois lamentable. Prenez donc l'habitude de passer vos mains et notamment vos ongles au *savon sec* avant de jardiner. Le savon formera une enveloppe protectrice qui s'enlèvera facilement le soir après un simple brossage. Finis les ongles en deuil !

Remarques, observations personnelles

Le temps en profondeur : il est dans les jardins. Vois comme il se pose et maintenant se creuse. Son intérieur est tien.

Jorge Guillen

1

2

3

4

T

Taille

Terre de jardin

Traitements phytosanitaires

Un jardin à terre acide, c'est la providence pour le « jardinier-collectionneur » :

1 Grand massif de rhododendrons hybrides ; au premier plan un *Paulownia tomentosa* dont les jolies fleurs bleu-lavande tapissent la pelouse.

2 *Magnolia sieboldii,* grand arbuste (3 à 5 m) aux fleurs inclinées en forme de coupe suivie par des fructifications fort décoratives.

3 *Rhododendron « Cosmopolitain »,* une variété ancienne.

4 Espèce naine de la grande famille des Rhododendrons : *Rhododendron impeditum.* Parfait pour les petits jardins ou les rocailles.

TAILLE

Le sujet de la taille est assez complexe, souvent discuté et contesté, et tous ceux qui débutent au jardin se trouvent un peu perplexes devant un arbre ou un arbuste débordant de vitalité et présentant un fouillis de branches dans tous les sens... et qu'il faut tailler pour le réintégrer à l'emplacement qui lui est accordé. Le jargon professionnel, avec ses termes, n'est pas fait non plus pour éclaircir la situation déjà assez confuse, et souvent on finit par baisser les bras et laisser faire la nature.

Ne vous découragez pas ! Commencez par un peu de bon sens quant aux périodes de taille. Respectez au maximum le port naturel de vos plantes et donnez-leur une forme harmonieuse — sauf si vous êtes un adepte des jardins tirés au cordeau. Consultez aussi de temps en temps un bon manuel de jardinage qui vous guidera pas à pas pour des cas un peu particuliers. Et vous verrez, bientôt la taille n'aura plus rien de mystérieux pour vous.

Surtout, ne vous lancez pas tout de suite dans l'art topiaire et laissez de côté les formes compliquées des arbres palissés : c'est le meilleur moyen de vous écœurer à tout jamais. Restez modeste dans vos ambitions au début et réservez la taille « artistique » pour plus tard quand vous manipulerez le sécateur et la cisaille avec aisance.

592 Si vous n'avez que peu de temps à consacrer à votre jardin, évitez, bien sûr, *toutes les formes taillées* de buis, if, charme, etc., ainsi que les plantes suivantes qui demandent des *tailles très suivies :* arbres en espalier, rosiers modernes, framboisiers et mûriers, vignes et glycine.

En revanche, il y a des arbustes et des fleurs qui supportent parfaitement une taille ou *nettoyage à la cisaille électrique,* ce qui permet un gain de temps considérable : lavande, romarin, santoline, bruyère, ceraiste, millepertuis.

593 Peut-être êtes-vous un adepte des **jardins soigneusement taillés** mais vous vous impatientez devant la croissance lente du buis ou de l'if, végétaux qui sont généralement utilisés pour la création des formes bien géométriques. Voici un petit truc qui vous permettra de gagner du temps ainsi que de faire des économies (l'achat de buis revient relativement cher) : fabriquez un *corset métallique en fil de fer zingué* suivant le modèle désiré et installez à sa base un pied de *lierre* qui couvrira en un temps record toute la surface disponible. De plus, le lierre se taille facilement, n'est pas exigeant sur la nature du sol et garde son joli feuillage brillant toute l'année.

594 Ne vous précipitez pas tout de suite sur le sécateur dès que le soleil promet l'**arrivée du printemps.** De fortes gelées sont encore à craindre et il ne faut *pas toucher aux branches* de vos hortensias, céanothes, eucryphias, hibiscus et buddleias avant la mi-avril ou même la fin avril suivant la région.
Les tiges, méme desséchées, protégeront vos arbustes un peu fragiles contre le froid.

595 Vous avez taillé votre arbre et vous n'avez pas de **mastic** ou de cicatrisant sous la main pour protéger les grandes plaies ?
Ayez donc recours à une *bonne peinture d'habitation* à base d'huile de lin ou de minium (de couleur brune ou verte de préférence) qui fera l'affaire.
Ou bien utilisez de la cire d'abeille fondue que vous passerez au pinceau.

Afin d'éviter la corvée de **ramassage des** **596**
branches tombées sur le gravier ou la pelouse après la taille des haies, pensez à poser sur le sol une grande *bâche en plastique.*
Le sol restera propre et une fois la taille terminée, il suffira de tirer la bâche jusqu'au tas de compost ou près du broyeur : encore du temps gagné car cela se fera plus vite que de nombreux aller-retour en brouette.

Ne jetez pas tout de suite tous les **débris** **597**
de taille, faites un petit tri et récupérez dans un petit panier toutes les branches, feuilles et fleurs qui sont **odorantes** : romarin, roses fanées, feuilles de géraniums odorants, pétales de gardénia, lavande, menthe, etc. Accrochez ce *pot-pourri* insolite dans un lieu de passage où il embaumera encore longtemps et vous rappellera les fragrances subtiles de l'été passé.

TERRE DE JARDIN

Le blé et la reconnaissance ne poussent qu'en bonne terre.

PROVERBE FRANÇAIS

Mais encore faut-il savoir ce qu'est une bonne terre ? Dans le langage des jardiniers, une bonne terre est une terre « franche », c'est-à-dire une terre composée de particules de sable en nombre légèrement supérieur aux particules d'argile et avec une teneur élevée en matières organiques. Néanmoins, avant de vouloir obtenir à tout prix cette fameuse terre franche, jouez plutôt la carte de la terre sur place et portez votre choix sur des plantes qui sont parfaitement adaptées à ses particularités et y donnent de leur meilleur.
Il est toujours intéressant de faire une analyse de terre car cela apporte des renseignements fort utiles sur la nature et les carences du sol, mais vous pouvez facilement reconnaître la composition du sol en observant attentivement la végétation spontanée ainsi que la réaction de la terre en présence de l'eau, du soleil...
Voici quelques conseils pour vous aider dans cette démarche.

598 Vous reconnaîtrez facilement une **terre argileuse** par le fait qu'elle conserve longtemps l'humidité, à tel point que l'eau stagne à la surface s'il n'y a pas de drainage. La terre est collante, se réchauffe mal au printemps et se craquelle en été si la sécheresse persiste.
Néanmoins, ne vous plaignez pas si vous avez ce genre de sol, voyons plutôt ses points forts.
Les terres argileuses sont des *terres très fertiles* car elles retiennent l'engrais aussi bien que l'humidité. Afin d'améliorer la structure du sol, procédez à un *chaulage* qui décoagulera l'argile et apportez-y régulièrement des *matières organiques* sous forme de tourbe, compost, etc. Lors des plantations, profitez-en pour incorporer aussi du *sable* qui facilitera le drainage par la suite. Les amendements sont à faire en automne à l'occasion du bêchage en grosses mottes.

• Voir aussi les astuces 157, 158, 164, chapitre « Engrais ».

Les **terres siliceuses** sont des terres friables, inconsistantes et généralement *pauvres* car les éléments nutritifs sont rapidement lessivés. 599
En revanche, ce genre de terre se laisse travailler facilement, est parfaitement drainée et se réchauffe rapidement au printemps, ce qui permet une *végétation précoce.*
Les terres siliceuses ont besoin d'être améliorées très régulièrement par des *apports de matière organique* pour donner une certaine consistance à la terre et lui permettre de mieux retenir l'humidité. Utilisez des *engrais à réaction rapide* car les éléments fertilisants sont rapidement entraînés en profondeur dans ces terres trop perméables au goût de certains.

600 **L**es **sols calcaires** sont représentés par une terre blanchâtre avec de nombreux cailloux en général, une terre très perméable, se desséchant en été et devenant collante en hiver. Pour être sûr de votre « analyse », faites un petit essai avec quelques gouttes de vinaigre : il provoquera une effervescence au contact du calcaire.
Les terres calcaires sont des terres assez *pauvres* et leur réaction alcaline empêche la plantation de beaucoup de plantes. On peut essayer de rétablir le *pH aux environs de la neutralité* en incorporant à la terre des *matières organiques acides* comme la terre de bruyère ou la tourbe blonde, mais il faut surtout adapter la végétation à ce genre de terrain.

601 **S**i vous êtes en présence d'une terre foncée, perméable et conservant bien l'humidité, il s'agit d'une **terre humifère.** Ce sont des terres généralement *acides,* faciles à travailler mais qui manquent de structure et s'épuisent facilement. Ne travaillez ce genre de terre que *superficiellement* pour que les éléments fertilisants ne soient pas entraînés en profondeur et si vous voulez cultiver autre chose que les plantes adaptées à ce genre de terrain (bouleaux, rhododendrons, bruyères, etc.), il vous faut *apporter de la terre argilo-siliceuse.*

602 **T**entons de déterminer la nature du sol d'après la **végétation spontanée** :
sols argileux : boutons d'or, chardons, grande oseille, marguerites, renoncule rampante ;
– *sols sableux (souvent acides) :* ajoncs, bouleaux, bruyères, genêts ;
– *sols calcaires :* bleuet, buis, cytise, mercuriale, moutarde sauvage, sainfoin, sauge des prés, tussilage ;
– *sols acides :* bruyères, châtaigniers, fougères, prêles ;
– *sols riches et fertiles :* fumeterre, mouron blanc, orties, sénecon.

603 **S**i vous observez l'apparition de petits *flocons de mousse* à la surface de la terre, cela est signe qu'elle commence à s'**acidifier.** Pour la rééquilibrer, vous pouvez épandre une poignée de *scories potassiques* par mètre carré (à renouveler tous les trois ans afin de maintenir une bonne composition). Attention ! n'apportez pas d'autre engrais l'année où vous procédez à ce genre de fumure.

604 **P**our faire vos **mélanges terreux** (tourbe, sable, etc.) à côté de vos trous de plantation, pensez à étaler une *grande feuille de plastique* sur laquelle vous pouvez travailler sans souiller ou endommager votre gazon.

605 **C**omment **transporter de la terre** dans votre coffre de voiture, dans un ascenseur, etc., sans courir le risque de mésaventures ?
Tout simplement dans un *grand sac plastique* que vous avez doublé d'un *vieux drap* pour renforcer la résistance.

TRAITEMENTS PHYTOSANITAIRES

De deux maux il faut choisir le moindre.

Cet adage s'applique parfaitement aux problèmes qui tournent autour des traitements phytosanitaires avec ses adhérents d'un côté et les fervents défenseurs de l'écologie de l'autre.
Certes, il faut absolument que vous soyez conscient de la toxicité des produits que vous employez et il est bien entendu qu'on ne les utilise pas à tort et à travers. Néanmoins, même dans les jardins « biologiques » on ne peut pas toujours se passer de traitements chimiques quand les envahisseurs sont si nombreux que les interventions « douces » deviennent inefficaces.
N'hésitez pas à vous adresser aux professionnels avant toute intervention inconsidérée, ils sauront vous guider dans votre choix, et lisez attentivement les conseils qui suivent. (Vous en trouverez d'autres dans les chapitres « Animaux », « Maladies », « Potager » et « Verger ».)

606 Si vous n'avez qu'une ou deux plantes à traiter, il est bien plus rapide de se servir d'un **insecticide en aérosol** que de préparer un produit qu'il faut diluer et pulvériser.

D'autant qu'il est parfois très difficile de préparer vos solutions en petites quantités et qu'il faut *éviter à tout prix de stocker le restant de vos préparations dans le pulvérisateur.* En effet, les *mélanges préparés se dégradent rapidement* — quelques heures suffisent parfois, cela dépend du produit — et perdent ainsi toute leur efficacité. De plus, certains sont tellement corrosifs qu'ils risquent d'abîmer votre pulvérisateur ou du moins de former des grumeaux (s'il s'agit de produits en poudre) qui obstruent ensuite tous les orifices. Donc, essayez d'évaluer le mieux possible la quantité de produit qu'il vous faut — mieux vaut préparer trop peu que trop — car ensuite il ne faudra surtout pas vider le contenu de votre pulvérisateur dans un fossé, une mare ou les égouts où il risquerait de provoquer une pollution.

Vous avez probablement déjà constaté 607
que, malgré un traitement bien appliqué, les pucerons, les araignées rouges et autres parasites tenaces manifestent de nouveau leur présence quelques jours plus tard. Cela parce que les produits ne sont pas assez puissants pour **détruire les œufs.** N'omettez donc pas de *renouveler le traitement à 4 ou 5 jours d'intervalle* afin d'obtenir la destruction totale de ces indésirables.

Parfois les **produits de traitement** adhè- 608
rent mal au feuillage de certaines plantes et vous mettez l'efficacité du produit en question. Mélangez donc à votre produit habituel un demi-litre d'*eau de savon de Marseille* (pour l'obtenir lavez-vous les mains dans une cuvette). Ainsi les produits de traitement pourront mieux se fixer et, de plus, l'eau savonneuse semble renforcer l'effet des insecticides.

609 **L**es **herbicides** à base de produits qui seront **assimilés par le feuillage** sont parfois assez difficiles à appliquer car il ne faut surtout pas que le produit entre en contact avec le feuillage d'autres plantes à conserver.

Traitez en toute sécurité en déplaçant un *écran en carton rigide* (le carton absorbera l'excédent de produit) le long de vos allées, plates-bandes ou massifs.

610 **V**ous pouvez facilement fabriquer vous-même un « **cache de projection** » adaptable à votre pulvérisateur de traitement. En effet, ceci devient nécessaire si vous voulez *limiter l'action d'un désherbant de contact* car il ne faut en aucun cas projeter du produit sur les végétaux à conserver. Servez-vous donc d'un *conteneur en plastique* dans lequel vous percez un trou dans le fond. Ensuite fixez cette « cloche de protection » au bout de la lance de votre pulvérisateur, promenez le jet au ras du sol et ainsi le produit sera uniquement dirigé vers la plante à éliminer.

Si, par mégarde, vous avez néanmoins touché une plante à conserver, *coupez immédiatement les feuilles qui sont entrées en contact avec le désherbant.* Ainsi vous éviterez que le produit ne circule dans la plante et produise ses effets destructeurs.

Remarques, observations personnelles

Remarques, observations personnelles

Le jardinage lie les yeux et l'esprit à la terre, et je me sens de l'amour pour l'aspect heureux, l'expression d'un arbrisseau secouru, nourri, étayé, embourgeoisé dans son paillis couvert de terre neuve [...]

COLETTE

V

Vacances

Verger

Plantes « bon enfant », idéales pour un jardin de vacances ou à peu d'entretien :

1 Harmonie en bleu et jaune : *Iris bulbeux « Franz Hals »* et *Buphtalmum salicifolium.*

2 *Hemerocallis hybride* : peu de plantes sont aussi faciles à vivre et fidèles au rendez-vous de la floraison de juin à août.

3 *Gleditschia triacanthos « Sunburst ».*
Arbre de taille moyenne au joli feuillage doré, très décoratif. Un arbre à découvrir !

4 Introduisez dans votre verger le *Vaccinum corymbosum* (myrtille) qui outre la succulence de ses fruits apportera la beauté de ses grappes fleuries et des jolies couleurs automnales. À cultiver en terre de bruyère.

VACANCES

Vous partez en vacances ?
Voici quelques conseils et astuces pour ne pas retrouver une véritable jungle et des plantes dépéries à votre retour.

AU JARDIN

611 Cessez tous les **semis et repiquages** au moins *quinze jours avant votre départ* car ces jeunes plantes ne pourront pas se passer de vos petits soins quotidiens.

612 Faites profiter toutes vos plantes — notamment les plantations de l'année — d'un bon **binage** et si cela n'est pas déjà fait, **paillez** au maximum à leurs pieds avec une bonne couche de compost, tourbe, paille, tonte, etc. Cette précaution gardera le sol frais et humide et empêchera la levée de mauvaises herbes.

• Voir aussi les astuces du chapitre « Paillage ».

613 Même si vous n'avez pas le temps de faire un **désherbage complet** avant votre départ, détruisez au moins les *mauvaises herbes susceptibles de répandre leurs graines.*

614 Faites un *constat de santé* de votre jardin et, si nécessaire, faites un **traitement** de vos plantes avant votre départ.

615 N'oubliez pas d'enlever toutes les **fleurs fanées** qui *monteront seulement en graine* pendant votre absence et s'épuiseront ainsi inutilement.

616 Faites plaisir à vos amis et voisins en leur offrant des grands **bouquets de fleurs.** De toute manière, elles faneront pendant votre absence et par cette « taille » vous avez toutes les chances de retrouver votre jardin refleuri à nouveau.

Récoltez tous les **légumes et fruits mûrs,** **617**
offrez-en s'ils ne se conservent pas ou faites des confitures ou remplissez votre congélateur.
Supprimez les petits concombres, courgettes, cornichons, tomates, etc., si personne ne peut les cueillir pendant votre absence : les plantes s'épuiseront dans la maturation de leurs fruits.

Faites un bon **arrosage** pour que l'eau **618**
pénètre bien en profondeur et constitue ainsi des réserves pour vos plantes.
Néanmoins, pour des longues absences en été, il vaut mieux s'*assurer les services d'un voisin ou ami.* Dans ce cas-là, soyez assez prévoyant et préparez tout le matériel nécessaire, ainsi éventuellement qu'un petit mot avec des indications. Quant aux « services d'arrosage » de plantes d'intérieur, je vous conseille de regrouper vos plantes suivant leur besoin en eau : ceci pour éviter que votre gentil voisin n'arrose les cactus de la même manière que votre papyrus...

• Voir aussi les astuces 56 et 62, chapitre « Arrosage ».

Quant à vos **plantes en pot**, choisissez **619**
un petit coin *à l'ombre, bien abrité* et, de préférence, avec la possibilité d'enterrer les pots. Groupez vos plantes à l'endroit choisi, enterrez-les dans un *lit de tourbe* jusqu'à la hauteur de leurs pots et mouillez la tourbe jusqu'à saturation : elle se chargera de transmettre l'humidité nécessaire aux plantes.
Un dernier conseil, même si cela vous fait mal au cœur : *supprimez tous les boutons floraux* prêts à éclore de vos géraniums, pétunias, etc. : c'est le seul moyen de les retrouver en bonne santé avec de nouveaux boutons.

620 **S**i vous possédez une **salle de bains avec une fenêtre**, vous pouvez facilement convertir votre baignoire en *jardinière géante.* Déposez-y une *feuille de plastique* pour la protection et par-dessus une bonne couche de *vermiculite* ou éventuellement des gravillons. Posez vos plantes sur ce lit, recouvrez avec de la *tourbe mouillée* et terminez par un bon arrosage de manière qu'il reste un peu d'eau au fond de la baignoire.
À défaut, vous pouvez aussi utiliser une *caissette en bois* que vous tapisserez avec une feuille de plastique épaisse avant de la remplir avec de la tourbe mouillée.

Placez le tout dans un endroit lumineux à l'abri du grand soleil. Afin d'éviter un dessèchement rapide de la tourbe, vous pouvez *recouvrir la surface avec du plastique.* Ceci est bien sûr aussi valable pour les plantes qui profitent d'un séjour au jardin.

Un autre truc consiste à enfoncer des *mèches de coton* dans le terreau de vos pots et à reliez ces mèches à des *bouteilles ou bassines remplies d'eau :* ainsi vos plantes seront arrosées par **capillarité**. 621
Toujours sur'le même principe, vous pouvez aussi grouper vos plantes sur un feutre-jardin dont l'extrêmité trempe dans une bassine d'eau.

Certaines plantes d'appartement suppor- 622 tent parfaitement un petit **séjour au jardin**, à condition de leur choisir un coin bien ombragé et protégé des vents.
Procédez alors de la même manière que pour les plantes en pot. Ainsi elles peuvent résister sans problème pendant deux semaines.

VERGER

Éprise de ses fruits, distraite jour et nuit...
Voulez-vous une orange, voici tout l'oranger,
Voulez-vous une plante, voici tout le verger.
Allongez-vous la main pour saisir une rose,
La terre n'en sait rien, vous n'êtes pas en cause.
Elle songe en son sein à de nouvelles roses,
Cachant mille couleurs dans la boueuse gloire
Où les futures fleurs sont encore toutes noires.

JULES SUPERVIELLE

Après cette jolie introduction, avec ce poème tantôt romantique, tantôt philosophique, revenons avec l'esprit et les pieds sur terre et voyons un peu ensemble quelques astuces concernant le verger et les fruits en général.

623 Si vous cherchez à créer un **jardin fruitier facile à entretenir** et qui ne pose pas trop de problèmes du point de vue de la taille, orientez-vous vers les arbres fruitiers en *fuseau, gobelet ou quenouille* et refusez d'installer les arbres en espalier (réclamant des tailles très suivies) ainsi que les hautes tiges de plein vent (récolte difficile).

624 Dans le but de **simplifier les séances de tonte** dans votre verger, pensez à créer de véritables *« massifs »* en *contreplantant avec des petits fruits* qui supportent bien l'ombre portée par vos arbres.
Les groseilliers, cassis, groseilliers à maquereau ainsi que les myrtilles (à planter en terre de bruyère), supportent très bien ce genre de situation. En bordure, vous pourrez installer des fraisiers.
Outre un gain de temps d'entretien, cela présente aussi un *gain de place* non négligeable.

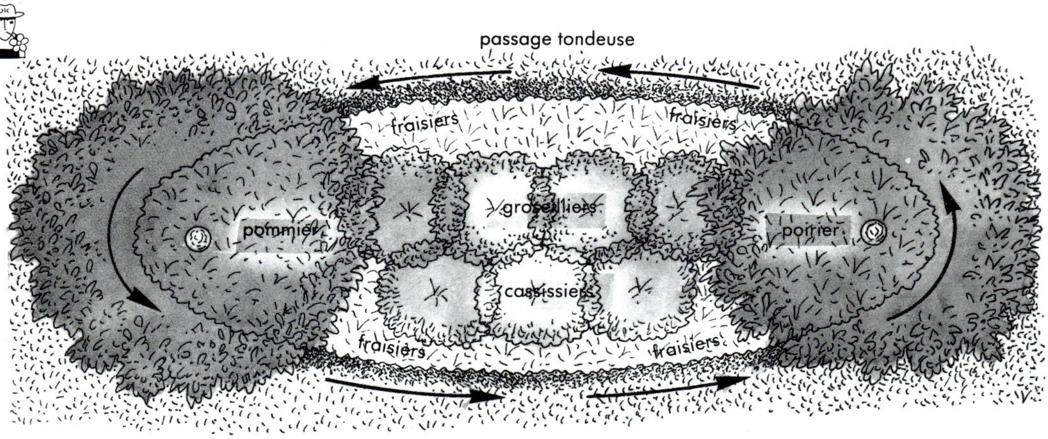

625 Vous avez peut-être un arbre fruitier qui pousse vigoureusement mais qui **refuse de fleurir** ?
Un moyen très efficace, utilisé par les professionnels, consiste à *transplanter votre arbre « sur place »*. Le but de cette intervention est de supprimer les racines actives, de manière à réduire fortement la poussée de la sève montante et provoquer ainsi une *accumulation de la sève dans le jeune bois* (en effet, c'est exactement le contraire qui se produit si vous pratiquez une taille hivernale : les yeux restant en petit nombre et par conséquent suralimentés, engendrent surtout des brindilles stériles).
Quant à la transplantation sur place, il faut déplanter l'arbre en octobre ou à la mi-novembre, lui *écourter les grosses racines fuyantes* et le replanter après avoir ameubli la terre.
Au cas où votre arbre serait déjà trop volumineux pour le soulever, vous pouvez vous contenter d'un *cernage* qui consiste à creuser une tranchée circulaire à environ 1 mètre du pied.

- Voir aussi l'astuce 377 (Plantation)

626 Si des **gelées** risquent de se produire alors que les arbres fruitiers sont en fleurs, *évitez absolument de travailler ou griffer la terre.* Au contraire, il faut essayer de l'affermir pour ne pas perdre la chaleur du sol par rayonnement.

627 Si vous avez des **arbres fruitiers peu productifs** et que ceux-ci sont plantés sur une prairie où abondent les *pissenlits* au printemps, il est fort possible que ce soit les fleurs de pissenlits qui causent une certaine stérilité de vos arbres fruitiers. En effet, des études menées en Angleterre ont pu démontrer que les *abeilles ont une nette préférence pour les fleurs de pissenlits* et délaissent ainsi les fleurs de vos arbres fruitiers. Donc, n'hésitez pas à supprimer ces envahisseurs pour encourager les abeilles à polliniser vos arbres fruitiers.

628 Vous avez des arbres fruitiers très vigoureux avec un feuillage excessif mais leur **floraison est pratiquement nulle** ou peu abondante ?
Il s'agit très certainement d'un *excès d'azote* dans le sol et le seul moyen d'y remédier est d'apporter des *engrais phosphatés.*
En revanche, si vos arbres portent des *fruits peu sucrés ou colorés,* il s'agit d'une *carence en potasse.* Donc, attention à l'engrais avec lequel vous nourrissez vos arbres fruitiers !

629 Il vous est peut-être arrivé de constater des chutes imprévisibles après l'**éclaircissage** des fruits. Pour éviter ce genre d'accident, il faut éclaircir les fruits *progressivement* (en deux fois à quelques jours d'intervalle) et plutôt couper les fruits inutiles en deux que de les supprimer complètement (avec un bon sécateur c'est vite fait).
En effet, ces chutes sont provoquées par un *afflux de sève,* donc une suralimentation brutale des fruits maintenus sur les branches.

630 Pour éviter que les **oiseaux** ne picorent vos plus beaux fruits, tomates, etc., placez des *bols remplis d'eau* près de vos plantes visitées : en effet, les oiseaux sont seulement à la recherche de quoi se désaltérer.

631 Une solution écologique pour mettre fin à l'invasion de toute sorte d'**insectes indésirables** qui abîment vos fruits, est d'*entourer votre verger d'une haie d'arbustes* qui permettra d'abriter un grand nombre d'*oiseaux,* les meilleurs chasseurs de ces parasites. Choisissez parmi les arbustes aux fruits sauvages (prunellier, alisier, cognassier, aubépines, sorbier, etc.) qui les attirent particulièrement et donc rajoutent à l'efficacité de votre entreprise.

632 Une astuce pour éviter les traitements répétitifs de vos arbres fruitiers pour **lutter contre les parasites** : placez des *bandes gluantes* (papier brun englué ou de la glu étalée sur l'écorce) sur les troncs de vos arbres fruitiers, dans le but de capturer les charançons, chenilles, pucerons lanigères, etc., qui se déplacent sur le tronc. Cette intervention est à faire au mois de mars, dès que ces parasites se « réveillent ».
Pour tous ceux qui ont échappé à votre piège, placez au courant du mois de mai (au plus tard début juin) des *« ceintures-pièges »* à mi-hauteur des troncs d'arbres afin de capturer les larves qui quittent les fruits. En effet, les chenilles de carpocapse, pyrale, etc., descendent l'arbre (souvent sur un fil) pour se réfugier dans toutes les anfractuosités qu'elles rencontrent, généralement dans les écorces. D'où la recommandation de bien *nettoyer les écorces par un bon grattage.*

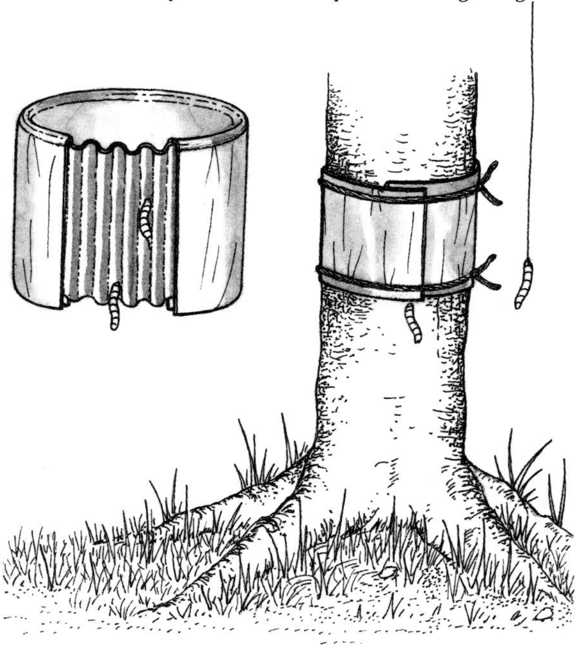

Pour la réalisation de vos pièges, procurez-vous du papier sulfurisé (environ 30 cm de largeur) que vous plierez de manière à insérer une bande de papier ondulé. Fixez ce piège aux arbres à l'aide d'un lien et gardez la partie inférieure ouverte : les larves s'y réfugieront et il suffira d'enlever les ceintures en juillet pour les détruire avec les insectes dedans.

633 Si vous désirez récolter des fruits dignes d'une table royale, pensez à **ensacher les fruits** auxquels vous tenez particulièrement. Cela prend un peu de temps, mais c'est encore le moyen le plus sûr d'obtenir des fruits exquis, sans traces d'insectes ou de coups de bec d'oiseaux. Commencez l'ensachage dès que les fruits sont un peu plus gros qu'une noix, après la chute naturelle des jeunes fruits. Utilisez de simples sacs en papier ou procurez-vous des sacs spéciaux (appelés « sacs cristal ») dans le commerce.
Ne faites pas l'erreur d'attacher le sac sur la queue du fruit (trop fragile à ce stade), mais fixez-le à l'aide d'un petit lien sur la *branche qui porte le fruit.* N'y touchez plus jusqu'à la récolte... et régalez-vous.

634 Afin de *retarder l'ouverture des fleurs* de vos arbres fruitiers qui craignent les gelées tardives (**abricotiers**, pêchers), on peut envelopper les troncs et les grosses branches avec du plastique ou des *grands sacs de toile* qui empêchent le réchauffement des écorces par les rayons solaires. On peut aussi étaler de *la neige ou des blocs de glace* sous ces arbres, ce qui ralentit les activités radiculaires et, par conséquent, retarde l'éclosion des fleurs.

635 Voici un autre conseil pour protéger vos **abricotiers**, conduits en espalier, des gelées tardives.
Fixez un *grand plastique* ou une *toile de jute* dans le haut de l'espalier et faites-le descendre pendant la nuit à la manière d'un *rideau.* Dans la journée, vous l'écarterez de nouveau en l'enroulant afin de permettre le passage des abeilles.

• Voir aussi l'astuce 525, chapitre « Protection des plantes ».

636 Vous avez des **abricotiers hâtifs** et au moment de la floraison les *abeilles font défaut,* vous pouvez essayer de faire une *pollinisation manuelle.* Dans chacune des fleurs parfaitement épanouies vous passez l'extrémité d'un gros pinceau à poils doux ou, comme vu à la campagne, d'une queue de lapin, de manière à déplacer les pollens. Cela vous donnera une petite idée du travail qu'accomplissent nos petites amies et je suis sûre qu'après vous jetterez un regard différent sur elles...

637 Si, au moment de la récolte, vous constatez que vos **cassis** ont besoin d'être taillés, n'hésitez pas à *rabattre au ras du sol les rameaux déjà âgés.* De cette manière, votre taille sera faite et vous pourrez vous installer tranquillement dans un petit coin ombragé pour égrener vos cassis. Si, en plus, vous faites suivre votre taille d'un bon arrosage et d'un apport d'engrais complet, la végétation va repartir sans tarder pour former de nouvelles pousses. Ainsi vous aurez pratiquement gagné une année car dès l'an prochain vos cassis ainsi rajeunis donneront de nouveau une bonne récolte.

638 Savez-vous que l'éclatement des **cerises** arrivées au stade de la prématurité est généralement la conséquence d'un *excès de sève* provoqué souvent par la pluie des jours précédents. Pour éviter ce genre d'accident, il suffit parfois d'étaler sur le sol, sous les arbres, une *feuille de plastique* qui assurera l'écoulement des eaux naturelles en dehors des endroits occupés par les racines.

639 N'oubliez pas de ramasser soigneusement toutes les **cerises**, prunes, etc., qui *tombent prématurément :* ces fruits contiennent souvent une *larve* et si vous ne détruisez pas les fruits abîmés, cela donnera naissance à une nouvelle génération d'insectes indésirables.

640 Abstenez-vous de palisser un **figuier** contre un mur afin de lui procurer une situation chaude et bien abritée. Il appréciera tellement cet emplacement que, par son exubérance, il *déstabilisera les fondations* de votre maison.
Au contraire, rien ne vous empêche de planter des *actinidias* si vous avez un mur bien exposé à couvrir et leurs fruits succulents au goût exotique valent bien les figues.

641 Pour maintenir les **framboisiers**, qui ont une végétation très exubérante, dans leurs limites, *guidez-les entre des rangées de fil de fer* solidement attachés sur des poteaux.
Tous les drageons qui vagabondent en dehors de leurs limites seront coupés sans pitié. La meilleure solution est de laisser la pelouse à côté qui, en étant tondue régulièrement, empêchera toute végétation sauvage.

Si vous voulez savoir s'il est indispensable de traiter vos **framboisiers** avec un *insecticide,* secouez vigoureusement leurs branches au moment de la floraison au-dessus d'une grande feuille pliée, ou encore mieux, d'un *parapluie ouvert.* La présence d'un grand nombre d'insectes indique qu'il vaut mieux faire un traitement après la floraison sinon vous risquez de vous trouver avec beaucoup de fruits abîmés. 642

Si vous savez d'avance que vous serez *absent en été pendant la période de première production* de vos **framboisiers**, *coupez donc toutes les tiges au ras du sol* en mars-avril. Ainsi vous n'aurez qu'une grosse récolte tardive au mois de septembre, au retour de vos vacances. 643

Les **nèfles** sont meilleures lorsqu'elles sont un peu *blettes.* Pour tricher avec la nature et obtenir le résultat désiré, placez vos fruits sur une couverture ou un vieux drap et à l'aide d'une autre personne faites-les *« sauter » :* les gourmands seront comblés de la saveur des fruits après ce traitement. 644

Savez-vous comment faire pousser une **poire** dans une *bouteille* afin de la transformer en eau-de-vie délicieusement parfumée ensuite ? Choisissez un jeune fruit parfaitement sain et enfoncez-le doucement dans une bouteille en verre blanc. Attachez solidement la bouteille à la branche et attendez patiemment jusqu'à ce que votre poire ait grossi normalement dans cette petite serre improvisée. Une fois bien mûre, vous la détacherez avec la bouteille et il ne restera qu'à verser une bonne eau-de-vie sur le fruit. Laissez le tout *macérer au soleil* pendant plusieurs jours et l'étonnement de vos amis est garanti. 645

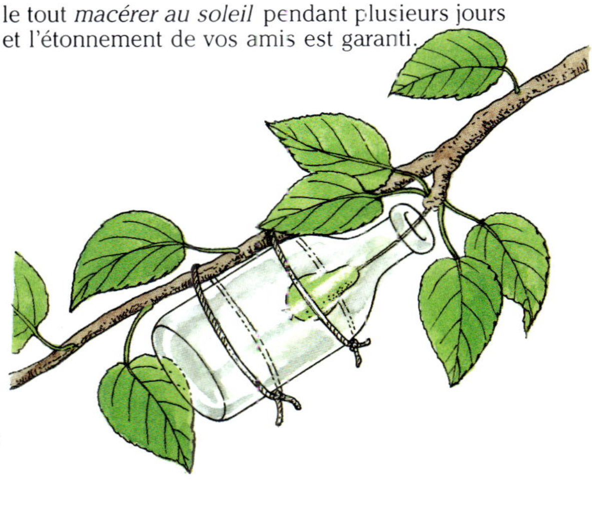

646 Pour éliminer les *pucerons floconneux* (dits lanigères) qui envahissent facilement les plaies de **pommiers**, vous pouvez badigeonner copieusement les colonies d'insectes avec de l'*huile de vidange* de voiture. Ils ne résisteront pas à ce traitement de choc.

647 Si vous voulez obtenir des **pommes** *bien colorées* et des pêches aux belles joues rouges, il faut *enlever les feuilles autour de chaque fruit.* Ainsi le soleil provoquera la formation des pigments colorés (qui sont en réalité une réaction de défense vis-à-vis des rayons solaires) et *augmentera aussi la richesse en sucre* de vos fruits.

648 Votre vieux **pommier** est *mort* et vous hésitez à l'arracher car il a une jolie silhouette? Faites-le donc refleurir merveilleusement en faisant grimper dans ses branches dénudées un de ces merveilleux *rosiers-lianes, une clématite montana, un chèvrefeuille* ou, pourquoi pas, un *hydrangea petiolaris* (hortensia grimpant). En revanche, il vaut mieux éviter le lierre ou la glycine qui sont trop vigoureux et finiront par faire écrouler votre arbre.

- Voir aussi l'astuce 424 (Plantes grimpantes).

649 Vous avez un **prunier** qui ne porte pas de signe de maladie, se développe bien, est fumé régulièrement et pourtant il *laisse tomber ses fruits avant maturité?*
Rien de bien grave: votre prunier *manque d'eau* et il faut simplement surveiller les arrosages après la nouaison des fruits. Pour que l'eau pénètre en profondeur, faites des trous à l'aide d'une tige de fer et laissez couler l'eau lentement et pendant au moins une heure.
La même chose peut se produire avec les *cerisiers* quand ils souffrent de la sécheresse du sol.
Ce phénomène est assez courant pour tous les arbres plantés sur pelouse, donc qui entrent en concurrence avec l'herbe qui les entoure.

650 Dernier conseil — et pas le moindre....
Maintenant, choisissez un coin tranquille dans votre jardin, loin des bruits et de toute agitation. Installez-vous confortablement dans une chaise longue, et faites la paix et le silence en vous-même en vous laissant bercer par le chant des oiseaux, le murmure du vent, embaumé par les fragrances subtiles des fleurs, écorces et herbes...

Prenez le temps de méditer sur certains de mes conseils avant de vous précipiter pour les essayer. Tirez l'enseignement des leçons que la nature vous donne tous les jours et sachez être reconnaissant envers sa générosité, sa beauté sublime, qui font renaître en nous des sens que l'on croyait perdus.

Rêves de jardins, jardins de rêve... Rêvez de votre paradis terrestre — toutes les grandes réalisations ont commencé avec des rêves —, et mettez-vous ensuite à l'œuvre.

Conseils, astuces, trucs : si vous rencontrez un problème particulier ou si vous faites vos propres découvertes que vous avez envie de partager, n'hésitez pas à m'écrire. Je tâcherai de répondre de mon mieux à chaque courrier (adressez-le aux éditions Nathan, 9, rue Méchain, 75676 Paris Cedex 14, qui le fera suivre), et — qui sait — grâce à votre soutien, nous pourrons peut-être publier un jour *Les Mille et Une Astuces du jardinage.*

Laissez-moi conclure avec quelques vers de Lamartine qui expriment si bien toute la profondeur et la richesse de notre patrimoine « nature » :

[...] Mais la nature est là qui t'invite et qui t'aime ;
Plonge-toi dans son sein qu'elle t'ouvre toujours ;
Quand tout change pour toi la nature est la même,
Et le même soleil se lève sur tes jours [...]

Je vous souhaite bon courage et tout le bonheur possible dans votre « univers vert ».

Remarques, observations personnelles

Bibliographie

Voici une liste d'excellents ouvrages que j'apprécie particulièrement et dont je vous conseille vivement la lecture. Néanmoins, cette liste n'est pas exhaustive, de très bonnes publications peuvent n'y pas figurer, donc veuillez la considérer comme un choix personnel et non pas comme une critique.

AMI DU JARDIN
Revue mensuelle « L'Ami des jardins et de la maison »

Hors séries :
« Votre jardin au bord de la mer, I et II », 1979, 1980.
« 30 idées pour un jardin facile », 1986.
« L'art des haies », 1986.
« Arbres et grands arbrisseaux à fleurs », 1979.
« Le monde éblouissant des roses », 1984.
« Lianes fleuries », 1979.
« Plantes de rocaille, I et II », 1980.
« Tous les bulbes de nos jardins », 1983.
« Légumes et fruits rouges du jardin », 1982.
« Roses anciennes », 1989.

PATRICIA BEUCHER
« 12 mois au jardin », éd. Nathan, 1989.

JOHN BROOKES
« Le grand livre des jardins », éd. Solar, 1984.
« Le grand livre des fleurs, plantes et jardins d'intérieur », éd. Solar, 1986.

GUIDE CLAUSE

LAROUSSE
« Jardins et jardinage », 1988.
« Les arbres de nos jardins », éd. Floraisse, 1974.
« Les conifères, ornement de nos jardins », éd. Floraisse, 1972.
« Rhododendrons, azalées et camélias », éd. Floraisse, 1979.
« Les roses de nos jardins », éd. Floraisse, 1976.

LA VIE EN VERT
« Construire son jardin », éd. Dargaud, 1984.

L'ÉCOLE DU JARDINAGE
« Cultivez les plantes de la fraîcheur », éd. Vergennes, 1980.

MON JARDIN ET MA MAISON
Revue mensuelle « Mon jardin et ma maison »

Hors séries :
« Votre jardin beau toute l'année », 1984.
« Jardins sur mesures », 1986.
« Les petits jardins », 1986.
« Votre gazon », 1987.
« Si vous aimez les roses », 1980.
« Fenêtres, balcons, terrasses, patios », 1978.
« 250 idées et plans », 1985.

Super guides :
« Comment réussir vos dallages », 1978.
« Les plantes couvre-sol », 1987.
« Les petits fruits », 1987.
« Bassins et jardins d'eau », 1989.

SÉLECTION DU READER'S DIGEST
« Savoir tout faire au jardin », 1980.
« Calendrier du jardinage », 1979.
« Encyclopédie des fleurs et plantes de jardin », 1982.

Index alphabétique

A

Numéros des astuces

B

C

D

E

F

G

H

I

J

K

L

M

N

O

P

R

S

T

V

Photographies :
Sonja Gauron

Dessins de Geneviève Lainé.

Conception graphique :
Philippe Bosson

Imprimé en France par Pollina, 85400 Luçon
Dépôt légal : février 1995
N° d'éditeur : 10026445 - (V) - (16) - CSBB - N - 135
N° d'impression : 67069
ISBN : 2-09-284330-3